Paris

1881

Tassin, Dom René-Prosper - Robert, Ulysse

Supplément à l'histoire littéraire de la congrégation de Saint-Maur

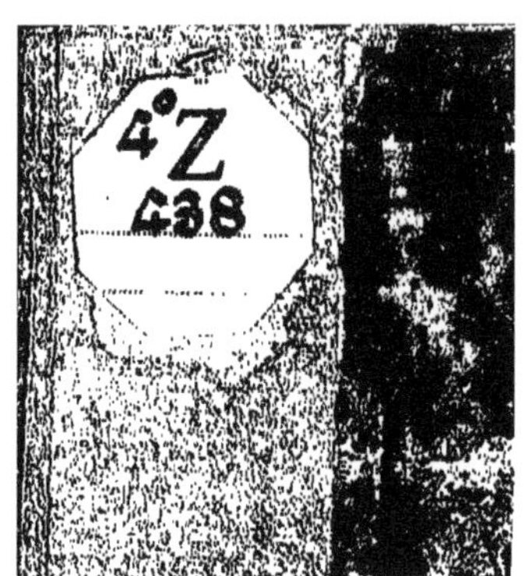
4°Z
438

SUPPLÉMENT

À

L'HISTOIRE LITTÉRAIRE

DE LA

CONGRÉGATION DE SAINT-MAUR

Par Ulysse ROBERT,

ANCIEN ÉLÈVE DE L'ÉCOLE DES CHARTES, EMPLOYÉ AU DÉPARTEMENT
DES MANUSCRITS DE LA BIBLIOTHÈQUE NATIONALE

PARIS
ALPHONSE PICARD, ÉDITEUR
Rue Bonaparte 82

M. D. CCC. LXXXI

EN VENTE A LA MÊME LIBRAIRIE :

RECUEIL DE FAC-SIMILÉS

A L'USAGE DE L'ÉCOLE NATIONALE DES CHARTES

Première série, contenant 24 planches, dont 2 doubles et texte, 1 vol. in-fol........................ 25 fr.
La deuxième série, 25 planches et texte, 1 vol. in-fol.......... 25 fr.

INVENTAIRE

DE LA

COLLECTION D'ESTAMPES

RELATIVES A L'HISTOIRE DE FRANCE

Léguée en 1863, à la Bibliothèque nationale

PAR M. MICHEL HENNIN

RÉDIGÉ PAR M. GEORGES DUPLESSIS

Conservateur sous-directeur adjoint du département des Estampes, à la Bibliothèque nationale

En publiant cet Inventaire, nous croyons être utile aux travailleurs et aux érudits. La réputation de cette Collection est grande, les services qu'elle a rendus depuis de longues années sont nombreux, mais lorsqu'on connaîtra exactement ce que contiennent les cent soixante-neuf volumes dont elle se compose, on saura seulement alors quelle reconnaissance il faut avoir au généreux collectionneur qui a assuré à la France un des recueils les plus précieux qui aient été formés par un particulier. Le département des Estampes de la Bibliothèque nationale possédait déjà une collection considérable d'estampes relatives à l'histoire de France, formée au dix-huitième siècle par M. Fevret de Fontette. A la fin du quatrième volume de la *Bibliothèque historique de la France*, du Père Lelong, se trouve un catalogue sommaire de cette collection ; notre inventaire en sera le complément, aussi bien que du grand ouvrage de M. Hennin : *Les Monuments de l'histoire de France*, avec lequel il ne formera pas double emploi. Une notice sur M. Hennin et des tables détaillées accompagneront le dernier volume de la publication.

Cet ouvrage formera 5 volumes grand in-8 raisin, qui sont publiés en deux parties.

Les 3 premiers volumes en 6 parties. Chaque partie. 6 fr.
Les mêmes, papier vergé.............................. 10 fr.

SUPPLÉMENT

A L'HISTOIRE LITTÉRAIRE

DE LA

CONGRÉGATION DE SAINT-MAUR

ÉPERNAY

TYPOGRAPHIE DE BONNEDAME ET FILS

SUPPLÉMENT

À

L'HISTOIRE LITTÉRAIRE

DE LA

CONGRÉGATION DE SAINT-MAUR

Par ULYSSE ROBERT,

ANCIEN ÉLÈVE DE L'ÉCOLE DES CHARTES, EMPLOYÉ AU DÉPARTEMENT DES MANUSCRITS DE LA BIBLIOTHÈQUE NATIONALE

PARIS
ALPHONSE PICARD, ÉDITEUR
Rue Bonaparte 82

M. D. CCC. LXXXI

AVERTISSEMENT

Les Bénédictins de la congrégation de Saint-Maur ont été et resteront l'honneur de l'érudition française au XVIIe et au XVIIIe siècle. C'est à eux que nous devons ces remarquables travaux qui servent encore de base, malgré leurs imperfections, à la science historique moderne ; c'est à eux que nous sommes surtout redevables, comme par un hasard providentiel, de la conservation de documents dont les originaux furent, bien peu de temps après eux, voués à la destruction. Je ne répéterai pas ce que tant d'autres ont dit mieux que moi de leurs ouvrages ; admirateur sincère des Bénédictins, j'avais conçu l'idée de donner au public une histoire littéraire de la savante congrégation de Saint-Maur, et j'en avais, depuis mon entrée à la Bibliothèque nationale, recueilli avec soin les principaux éléments. Réimprimer l'ouvrage de Dom Tassin tel qu'il l'avait publié, donner dans une deuxième partie les notices supplémentaires que mes recherches m'auraient permis d'ajouter, signaler les erreurs qu'il a pu commettre, identifier les mss. qu'il mentionne, enfin dresser une

Objet de ce travail.

Plan d'une histoire littéraire définitive de la congrégation de Saint-Maur.

table générale des matières et des auteurs, tel est le plan que j'avais adopté. Les éditeurs auxquels je me suis adressé, pensant peut-être qu'il ne restait rien à ajouter aux travaux de Pez (1), de Travaux antérieurs. Bouillart (2), de Le Cerf (3), de Ziegelbauer (4), de Tassin (5), de François (6), aux biographies gé-

(1) *Bibliotheca Benedictino-Mauriana, seu de ortu, vitis et scriptis Patrum benedictinorum e celeberrima congregatione S. Mauri in Francia libri II.* Augustæ Vindelicorum et Græcii, 1716, pet. in-8°.

(2) *Catalogue des livres composés par les religieux de Saint-Germain-des-Prés, et auteurs de la congrégation de Saint-Maur*, imprimé à la fin de l'*Histoire de l'abbaye royale de Saint-Germain-des-Prés, justifiée par des titres authentiques*, p. CXXVI-CXXXVIII. Paris, 1724, in-fol.

(3) *Bibliothèque historique et critique des auteurs de la congrégation de St-Maur, où l'on fait voir quel a été leur caractère particulier, ce qu'ils ont fait de plus remarquable, et où l'on donne un catalogue exact de leurs ouvrages et une idée générale de ce qu'ils contiennent.* La Haye, 1726, in-8°.

(4) *Historia rei literariæ ordinis S. Benedicti in IV partes distributa, opus eruditorum votis diu expetitum ad perfectam historiæ Benedictinæ cognitionem summe necessarium, et universim omnibus bonarum artium cultoribus non utile minus, quam scitu lectuque jucundum*, a R. P. Magnoaldo Ziegelbauer, ord. S. Benedicti, etc., ichnographice adumbratum recensuit, auxit, jurisque publici fecit R. P. Oliverius Legipontius, etc. Augustæ Vind. et Herbipoli, 1754, 4 vol. in-fol.

(5) *Histoire littéraire de la congrégation de Saint-Maur, ordre de S. Benoît, où l'on trouve la vie et les travaux des auteurs qu'elle a produits, depuis son origine en 1618, jusqu'à présent, avec les titres, l'énumération, l'analyse, les différentes éditions des livres qu'ils ont donnés au public, et le jugement que les savants en ont porté : ensemble la notice de beaucoup d'ouvrages manuscrits, composés par des Bénédictins du même corps.* Bruxelles et Paris, 1770, in-4°.

(6) *Bibliothèque générale des écrivains de l'ordre de Saint-Benoît, patriarche des moines d'Occident, contenant une notice*

nérales et provinciales, etc., n'ont pas voulu se charger de cette publication. Je ne me plains pas de leur refus, je le constate seulement; mes fidèles lecteurs du *Cabinet historique* ne s'en plaindront pas non plus, j'en ai la conviction. Car, dans cette série de courtes notices sur les écrivains bénédictins, que les historiographes de la congrégation de Saint-Maur, mes devanciers, n'avaient pas connus, ils trouveront plus d'un renseignement utile, plus d'un nom qu'ils seront bien aises d'ajouter à leurs listes de célébrités locales. Pour moi, j'aurai la satisfaction d'avoir tiré de l'oubli, de savants, mais modestes travailleurs, dont nous mettons tous chaque jour les recherches à profit.

In tenui labor, pourrais-je dire. Oui, pour arriver à combler les lacunes qui existent dans Dom Tassin et Dom François, pour continuer ce travail jusqu'au moment de la Révolution, j'ai dû compulser de nombreux documents manuscrits, parcourir bien des répertoires bibliographiques et biographiques et lire beaucoup d'ouvrages relatifs à l'érudition française au XVIIe et au XVIIIe siècle. L'important fonds des mss. de Saint-Germain- Sources consultées.

exacte des ouvrages de tout genre, composés par les religieux de diverses branches, filiations, réformes et congrégations de cet ordre, sous quelque dénomination qu'elles soient connues, avec les dates du temps où ces ouvrages ont paru, et les éclaircissements nécessaires pour en faire connaître les auteurs. Bouillon, 1777, 4 vol. in-4°.

des-Prés est la source où j'ai puisé le plus de renseignements, car c'est à Saint-Germain-des-Prés qu'étaient centralisés les travaux des membres de la congrégation de Saint-Maur. Les collections manuscrites sur les anciennes provinces, formées en grande partie des travaux des Bénédictins (1), ne m'ont pas été d'un moindre secours. Les catalogues des mss. des bibliothèques de France, imprimés ou inédits, les biographies générales ou locales et la *France littéraire* de Quérard m'ont fourni plus d'un nom nouveau.

Éléments des notices biographiques.

Les éléments principaux des notices biographiques ont été empruntés aux registres matriculaires de la congrégation de Saint-Maur, dont la Bibliothèque nationale possède plusieurs exemplaires sous les nos 12794-12797 du fonds latin. Ces registres n'allant que jusqu'à 1736, j'ai fait, d'après le ms. 120 de la bibliothèque d'Auxerre, une copie des notices jusqu'au 23 mai 1775 ; cette copie est conservée à la Bibliothèque nationale sous le n° 1275 des Nouvelles acquisitions latines. Le *Nécrologe de Saint-Germain-des-Prés*, ms. fr. 16861,

(1) *Catalogue des actes de Philippe-Auguste, avec introduction sur les sources, les caractères et l'importance historique de ces documents*, par Léopold Delisle. Paris, 1856, in-8°, p. XXXVI-XLIII ; — *Le Cabinet des manuscrits de la Bibliothèque nationale*, par Léopold Delisle, Paris, 2 vol. in-4° ; t. I, p. 559-565 ; t. II, p. 59-74 ; — *Notice sur des collections manuscrites de la Bibliothèque nationale* [par M. Delisle], in-8° de 54 p., extrait de la *Bibliothèque de l'École des Chartes*, t. XXXII, p. 237-290.

est encore une des sources auxquelles j'ai puisé.

La plupart des notices qui suivent avaient primitivement reçu un certain développement; il m'avait semblé utile de signaler, entre autres choses, le séjour où le passage de nos Bénédictins dans les divers monastères de la congrégation, parce que il devenait ainsi possible d'expliquer l'origine de certains de leurs travaux. Abandonné à mes seules ressources, j'ai dû modifier mon plan et réduire ces notices à leur plus simple expression. Telles qu'elles sont, elles renferment les renseignements les plus nécessaires : c'est le point important.

Les notices accompagnées d'un astérisque se rapportent aux écrivains bénédictins vivants au moment de l'impression de l'ouvrage de Dom Tassin et dont d'autres travaux ont paru depuis.

Je ne signale que les ouvrages faits par eux, tant qu'ils appartenaient à la congrégation de Saint-Maur.

Sauf indication contraire, les mss. cités appartiennent aux fonds de la Bibliothèque nationale.

Je n'ai pas la prétention d'avoir épuisé la matière. Les *Mémoires* des Sociétés savantes des départements contiennent sans doute des travaux des Bénédictins qui ont pu m'échapper. Je prie mes lecteurs de vouloir bien me signaler les omissions que j'aurais commises; j'en ferai la matière d'un nouveau supplément.

SUPPLÉMENT

A L'HISTOIRE LITTÉRAIRE

DE LA

CONGRÉGATION DE SAINT-MAUR

ABADIE (Jean-Pierre D'), *alias* D'ABADYE OU DABADIE, né à Saint-Sever en Gascogne, fit profession à la Daurade, le 27 mai 1652, à l'âge de 19 ans, et mourut au monastère de La Réole, le 15 octobre 1681. Il est l'auteur d'une *Histoire de l'abbaye de Sainte-Croix de Bordeaux*, qui est dans le ms. lat. 12734, fol. 74, et dans le ms. lat. 12666, fol. 252. Abadie.

(Matricule, n° 1427; — Ms. lat. 12734, fol. 74; — Ms. lat. 12666, fol. 252).

AIGNAN (Nicolas). Ce religieux, né à Orléans en 1644, avait d'abord été capucin. Il alla en Égypte avec un de ses confrères, y apprit quelques secrets de médecine, puis, étant revenu en France, il quitta l'ordre de Saint-François et entra ensuite dans la congrégation de Saint-Maur. Il avait fait profession pour le monastère de Lihuns-en-Santerre, près Roye, mais il n'y séjourna jamais. Le cardinal de Furstemberg se l'attacha comme médecin; sous le cardinal d'Estrées, il conserva cet emploi. Partageant son temps entre la chimie, la pratique et l'étude de la médecine, il a composé quelques ou- Aignan.

vrages : 1° *L'ancienne médecine à la mode, ou le sentiment uniforme d'Hippocrate et de Galien sur les acides et les alcalis*, Paris, 1698, in-12 ; — 2° *Le prestre médecin ou Discours physique sur l'establissement de la médecine, avec un Traité du café et du thé de la France*, Paris, 1696, in-12 ; — 3° *Traité de la goutte dans son état naturel*, Paris, 1707, in-12. Il mourut à Saint-Germain-des-Prés le 1er février 1709.

(*Nécrologe de Saint-Germain-des-Prés*, ms. fr. 16881, fol. 45 ; — *Nouvelle biographie générale*, t. 1, col. 454, au mot AIGNAN).

Anonyme. ANONYME, peut-être ANSART. *Précis historique de l'établissement et du progrès de l'état religieux, avec la vie de saint Maur, abbé de Glanfeuil, apôtre des bénédictins en France, et les différentes translations des reliques de son corps jusqu'à sa dernière translation dans l'église royale et abbatiale de Saint-Germain-des-Prés, le 30 août 1750, enrichi de notes chronologiques, étimologiques, géographiques, historiques, puis de l'histoire de l'abbaye des Fossés pour servir de supplément*, par Dom ***, prêtre religieux bénédictin de la congrégation de Saint-Maur.

(Mss. fr. 18924-18925).

Ansart. ANSART (André-Joseph) *, mort vers 1790. Outre les ouvrages mentionnés par Dom Tassin, il a composé : 1° *Esprit de saint Vincent de Paul, ou Modèle de conduite proposé à tous les ecclésiastiques*, Paris, 1780, in-12 ; Lyon, 1817, 2 vol. in-12 ; — 2° *Histoire de saint Fiacre*, 1782, in-12 ; — 3° *Histoire de saint Maur, abbé de Glanfeuil*, 1771, in-12 ; — 4° *Histoire de sainte Reine d'Alise et de l'abbaye de Flavigny*, 1783, in-12 ; — 5° *Éloge de Charles V*, traduit du latin.

(Quérard, *La France littéraire*, t. 1, p. 68, au mot ANSART).

Arnault. ARNAULT-LA-PIE (Maurice), né à Quimperlé, fit profession à Saint-Melaine de Rennes, le 25 septembre 1723, à l'âge de 16 ans. Il mourut le 21 mars 1783 à Saint-Florent de Saumur. Il est un des Bénédictins chargés de la préparation d'une histoire de la Touraine, de l'Anjou et du Maine, dont les matériaux sont conservés à la Bibliothèque nationale.

(Matricule, nº 5744; — L. Delisle, *Le Cabinet des manuscrits de la Bibliothèque nationale*, t. II, p. 74; — *Notice sur des collections manuscrites de la Bibliothèque nationale*, p. 50 (extrait de la *Bibliothèque de l'École des Chartes*, t. XXXII, p. 286); — *Catalogue des actes de Philippe-Auguste*, p. XIII).

Aubert. Aubert (Georges-Bernard), né à Blois, fit profession à Jumièges, le 15 septembre 1686, à l'âge de 22 ans. Il mourut le 25 janvier 1702 à Saint-Père de Chartres. On a de lui : *Remarques de l'histoire de Chartres*, 1672, copie dans le ms. 563 de Clairambault, fol. 97; — ms. fr. 22474; — nº 47 des mss. de Chartres relatifs au pays Chartrain.

(Matricule, nº 745; — Ms. 563 de la collection Clairambault, f. 97; — Ms. fr. 22474; — Ms. fr. 17005, *Supplément de la Bibliothèque Chartraine*, fol. 454 vº; — Ms. fr. 17006, fol. 109 vº; — *Catalogue des manuscrits de la bibliothèque de la ville de Chartres*, p. 188).

Aubrée. Aubrée (Guillaume), né à Rennes, fit profession, le 7 octobre 1686, à l'âge de 18 ans, au monastère de Saint-Melaine de cette ville. Il quitta la congrégation de Saint-Maur à une époque que je ne saurais déterminer. Pendant qu'il était religieux à Saint-Bénigne de Dijon, il fit un recueil de pièces relatives à l'histoire de la Bourgogne. Ces pièces ont été déposées pour la plupart, en 1743, à la Bibliothèque royale par les soins de Le Dran, premier commis du Ministère des affaires étrangères. Voici, d'après M. Delisle, l'inventaire sommaire de 21 volumes entre autres, formant une série suivie, compris sous les nºs 91-111 de la collection de Bourgogne : — Instructions données aux ambassadeurs qui allaient vers le roi, en 1441, à l'assemblée de Nevers (91); — Lettres à Dom Aubrée. Généalogie des ducs de Bourgogne : Mémoire sur l'assassinat du duc de Bourgogne en 1410, et les états domestiques de plusieurs ducs (92); — Mariages et testaments. Extraits divers (93); — Pièces sur l'histoire de Bourgogne, de 1145 à 1361 (94); — Pièces sur l'histoire de Bourgogne, de 1361 à 1528 (95); — Contrats de mariages, du XIIIe au XVe siècle (96); — Inventaire des titres relatifs aux domaines du duc de Bourgogne (97); — Pièces sur l'histoire de Bourgogne, du XIe au XVe siècle (98); — Pièces sur l'histoire de Bourgogne, principalement au XVe siècle (99); — Extraits de comptes, XIVe et XVe siècle (100); — Notes et extraits. Essais de rédaction. Notes tirées pour la plupart de la Chambre des comptes de Dijon (101); — Pièces sur l'histoire de la Bourgogne, du XIe au XIIIe siècle (102); — Lettres missives du XIVe et du XVe siècles. Vies de saints (103); — Extraits de comptes, XIVe et XVe siècles (104); — Extraits des registres des fiefs des bailliages d'Autun, d'Auxois, de Châlon, de Dijon et de la Montagne. Anciennes ordonnances du comté de Bourgogne. Table des privilèges du pays de Bourgogne (105); — États de la maison des ducs de Bourgogne, XIVe et XVe siècles (106); — Notes et extraits pour l'histoire d'Autun, d'Auxerre, de l'Auxois, de Bar-sur-Seine, de Chalon, du Charolois, de Châtillon, de Dijon et de Mâcon (107); — Extraits des cartulaires et des archives des églises d'Autun et d'Auxerre, de l'abbaye de Corbigny, de la Sainte-Chapelle de Dijon, de l'église de Mâcon, du prieuré de Saint-Pierre-le-Moutier, et de l'abbaye de Theuley (108); — Pièces sur l'histoire de Bourgogne, de 1225 à 1519 (109-110); — Chartes de l'église d'Autun, des abbayes de Saint-Andoche, de de Saint-Symphorien et de Saint-Martin d'Autun, et du prieuré de Saint-Pierre-le-Moutier. Notes diverses (111).

(Matricule, n° 3078; — L. Delisle, *Le Cabinet des manuscrits de la Bibliothèque nationale*, t. II, p. 70; — *Notice sur des collections manuscrites de la Bibliothèque nationale*, p. 4-5 (extrait de la *Bibliothèque de l'École des Chartes*, t. XXXII, p. 238); — *Catalogue des actes de Philippe-Auguste*, p. XXXIX).

AUDEBERT (Jean-Bernard), né à Bellac, diocèse de Limoges, fit profession à Nouaillé, le 11 novembre 1620, à l'âge de 20 ans. Il mourut le 29 août 1675 à Saint-Germain-des-Prés. Il fut prieur, abbé, assistant du Supérieur général de la congrégation de Saint-Maur, puis Général. On a de lui : 1° *Mémoires des antiquités de l'abbaye de Saint-Sulpice-lez-Bourges, de l'ordre et congrégation de St-Benoist*, dressés en l'année 1631, ms. lat. 12697, fol. 277; — 2° des *Extraits sur Saint-Denis*, ms. lat. 12678, fol. 169; — 3° *Mémoires sur l'abbaye Sainte-Croix de Bordeaux*, ms. lat. 12667, fol. 170. Audebert.

(Matricule, n° 77; — *Nécrologe de l'abbaye de Saint-Germain-des-Prés*, ms. fr. 16861, fol. 14; — Ms. lat. 12697, fol. 277; — Ms. lat. 12678, fol. 169; — Ms. lat. 12667, fol. 170).

BARDION (Jacques), né à Crapone, diocèse du Puy, fit profession à Saint-Augustin de Limoges, le 17 juin 1647, à l'âge de 26 ans. Il mourut le 22 octobre 1695 au monastère de Saint-Allyre-les-Clermont. Il a fourni au *Monasticon benedictinum* : *Essay de l'histoire de l'abbaye de Saint-Allyre-les-Clairmont*, 1681, ms. lat. 12676, fol. 4. Bardion.

(Matricule, n° 1230; — Ms. lat. 12676, fol. 4).

BAUDOT (Jacques), né à Châlons-sur-Marne, fit profession à Saint-Remi de Reims, le 7 août 1647, à l'âge de 24 ans. Il mourut à Pontlevoy, le 29 février 1664. En 1660, le 19 mai, étant régent de 3° dans ce monastère, il fit représenter par les élèves du séminaire une pièce de sa composition intitulée *Sédécias*. Baudot.

(Matricule, n° 1238; — Extrait du *Mémorial du séminaire de Pontlevoy*, communiqué par M. Paul de Fleury).

Bauldry.

BAULDRY (Michel). On ignore le lieu et la date de la naissance de Dom Bauldry. Tout ce que l'on sait à ce sujet, c'est qu'il est originaire du Maine, qu'il entra chez les Bénédictins d'Évron, au commencement du XVIIe siècle, qu'il était licencié en droit canon, qu'il fut grand-prieur de Lagny et de Maillezais et qu'il embrassa ensuite la réforme de Saint-Maur. Il est l'auteur du *Manuale sacrarum cæremoniarum juxta ritum Romanum*, Paris, 1637, in-8° ; — 2e éd. 1646, in-4° ; — 3e éd. Venise, 1681, in-4°. La Bibliothèque nationale en possède un exemplaire chargé de corrections et de notes manuscrites sous les n°s 12077 et 12078 du fonds latin.

(B. Hauréau, *Histoire littéraire du Maine*, 2e éd. t. I, p. 225-227).

Beaubens.

BEAUBENS (Guillaume), né à Marmande, fit profession à la Daurade, le 30 octobre 1737, à l'âge de 19 ans. Le lieu et la date de sa mort me sont inconnus. Dom Grenier nous apprend qu'il travaillait à l'histoire de Guyenne. Nous possédons dans le n° 322 de la collection Moreau, fol. 31, un catalogue des chartes qu'il recueillit sur la Guyenne.

(Matricule, n° 6500 ; — Ms. 1096 de la collection Moreau, fol. 88 et 124 ; — L. Delisle, *Le Cabinet des manuscrits de la Bibliothèque nationale*, t. II, p. 71 ; — *Catalogue des actes de Philippe-Auguste*, p. XL).

Beaubain.

BEAURAIN (Fursi), né à Ribemont, diocèse de Laon, fit profession à Jumièges, le 11 mai 1637, à l'âge de 28 ans. Il mourut le 10 février 1684 à Saint-Nicaise de Reims. On a de lui : 1° *Abrégé de l'histoire de Ribemont et de ses comtes descendus de Charlemagne*, 1682, ms. lat. 12688, fol. 198 ; — 2° *La vie d'Ancelme second comte de Ribemont et fondateur de l'abbaye Sainct-Nicolas des Prez soub ledit Ribemont*, ibid., fol. 267 ; — 3° *Abrégé des histoires des comtes de Ribemont descendus de Charlemagne, de la vie d'Anselme II et de l'abbaye royale de Saint-Nicolas de Ribemont*, ms. fr. 19847.

(Matricule, n° 789 ; — Ms. lat. 12698, fol. 198 et 207 ; — Ms. fr. 19847).

BEDOSCH (Jean), né à Sordes, diocèse de Dax, fit profession à la Daurade, le 8 juillet 1699, à l'âge de 16 ans. Le lieu et la date de sa mort me sont inconnus. Il a fourni au *Monasticon benedictinum : Historiæ regalis abbatiæ Beatæ Mariæ de Crassa compendium*, 1713, ms. lat. 12680, fol. 125, 147 et 172. L'original commence au fol. 172. Bedosch.

(Matricule, n° 4390 ; — Ms. lat. 12680, fol. 125, 147 et 172).

BERTHEREAU (François-Georges) *, né à Belesme, diocèse de Séez, le 29 mai 1732, fit profession à Vendôme, le 30 octobre 1748. Il fut d'abord professeur de grec et d'hébreu à Saint-Lucien de Beauvais, puis à Saint-Denis et attaché au *Recueil des historiens de France*. Il fut ensuite désigné pour préparer un recueil des historiens des Croisades. Pour cela il compulsa, aidé d'un Syrien, Joseph Chahin, les mss. orientaux de la Bibliothèque du roi et de la bibliothèque de Saint-Germain-des-Prés. Le résultat de ses recherches, que la Révolution l'empêcha de publier, forme 31 volumes conservés aujourd'hui à la Bibliothèque nationale sous les n°s 9050-9080 du fonds français. Voici l'indication des volumes qui sont en propre l'œuvre de Dom Berthereau : — 1° [9055], Annotations marginales à une traduction française des Vies des poètes et autres personnages marquants d'Ibn-Khallicân ; — 2° [9056], Annotations à une traduction française par l'abbé de Villefroy de l'histoire de la première croisade de Mathieu d'Édesse ; — 3° [9063], Extraits de la chronique d'Ibn-Moyesser, texte et traduction française ; extraits de la chronique d'Ibn el-Djeuzi et de l'histoire des patriarches d'Alexandrie ; traduction de Berthereau.

passages arabes se rapportant à l'histoire des Fatemides; — 4° [9064], Extraits d'El-Aïni, d'En-Nesaouï, d'Ibn el-Athir, d'El-Makrizi et d'Abou 'l-Mohacen; — 5° [9068-9069], Traduction du *Camel* d'Ibn el-Athir, des *Deux Jardins* d'Abou-Chama, du *Djamét-Tewarikh* d'El-Aïni, de l'*Ons el-Djelil* de Modjir ed-Din, etc.; — 6° [9071], Notice des mss. que Dom Berthereau a consultés, etc. D'autres fragments de lui sont disséminés dans les volumes de sa collection. Le lecteur en trouvera le relevé exact dans l'*Introduction* du tome I du *Recueil des historiens des Croisades; Historiens orientaux*, publié par les soins de l'Académie des inscriptions et belles-lettres. Dom Berthereau fut trouvé mort dans son lit le 26 mai 1794, à Paris.

(Matricule, n° 7094; — *Biographie universelle*, t. IV, p. 352-353, au mot BERTHEREAU; — *Nouvelle biographie générale*, t. V, col 705-706; — *Recueil des historiens des Croisades; Historiens orientaux*, t. I. p. II-V).

Béral. BÉRAL (Claude), né à Clermont, fit profession à Saint-Augustin de Limoges, le 2 septembre 1692, à l'âge de 18 ans. Le lieu et la date de sa mort sont inconnus. On a de lui, dans le *Monasticon benedictinum*, l'*Histoire du monastère de Blesle*, 1709, ms. lat. 12663, fol. 58.

(Matricule, n° 3989; — Ms. lat. 12663, fol. 58).

Bertheau. BERTHEAU (Charles-Placide), né à Montdoubleau, diocèse de Chartres, fit profession à Saint-Remi de Reims, le 8 août 1632, à l'âge de 19 ans. En 1654, il était religieux à Saint-Fuscien. Il mourut le 28 mars 1682 au monastère de Saint-Fiacre. Il est l'auteur d'une *Histoire de Compiègne*, qui forme, avec les notes, remarques, chartes, etc., les n°s 20 et 20 *bis* de la collection de Picardie.

(Matricule, n° 513; — Mss. 20 et 20 *bis* de la collection de Picardie).

Bévy (Charles-Joseph), né à Saint-Hilaire, diocèse de Cambrai, d'après les matricules de la congrégation de Saint-Maur; à Saint-Hilaire, près d'Orléans, d'après la Biographie Didot, fit profession à Saint-Faron de Meaux, le 19 février 1759. Il mourut à Paris en 1830. Nommé historiographe du roi pour la Flandre et le Hainaut, garde des archives de la Cour des comptes, il se livra à des recherches sur la noblesse. Pendant qu'il était religieux bénédictin, il publia une *Histoire des inaugurations des rois, des empereurs et des autres souverains de l'univers*, Paris, 1776, in-8°. En 1791, il publia, d'après les documents qu'il avait recueillis à la Cour des comptes, une *Histoire de la noblesse héréditaire et successive des Gaulois, des Français et des autres peuples de l'Europe*, in-4°. On a encore de lui un *Mémoire sur huit grands chemins militaires*, publié dans le recueil de l'Académie de Bruxelles, t. V, et une dissertation intitulée : *Unique origine des rois de France*, Paris, 1814, in-8°. Bévy était membre de la Société des Antiquaires et de l'Académie de Bruxelles. Bévy.

(Matricule, n° 7643; — Quérard, *La France littéraire*, t. I, p. 328, au mot Bévy; — *Nouvelle biographie générale*, t. V, col. 877-878).

Blanc (Urbain le), né à Quimper-Corentin, fit profession, le 22 juin 1678, à Saint-Florent-de-Saumur, à l'âge de 23 ans. Il mourut le 17 avril 1729 à Saint-Gildas-au-Bois. On a de lui : *Lettre au R. P. Courrayer sur son traité des ordinations des Anglois*, Paris, 1726, in-12. Blanc.

(Matricule, n° 3139; — Dom François, t. I, p. 129).

Bois (Jean-Placide des), originaire de Soissons, fit profession à Vendôme, le 7 octobre 1634, à l'âge de 41 ans. Il mourut, le 28 juin 1658, à Saint-Faron de Meaux. Il avait composé une histoire de ce monastère ; il y en a Bois.

un extrait dans le ms. 19 de la collection de Champagne, fol. 108.

(Matricule, n° 622; — Ms. n° 19 de la collection de Champagne, fol. 108).

Bois. Bois (Julien-Augustin du), né à Plelan, au diocèse de Saint-Malo, fit profession à Saint-Melaine, le 31 août 1652, à l'âge de 23 ans, et mourut le 1er octobre 1702 à Redon. Il a fourni au *Monasticon benedictinum* une courte notice sur le monastère de Lantenac, à laquelle il a donné le titre pompeux d' « *Histoire de Lantenac* », 1674, ms. lat. 12680, fol. 364.

(Matricule, n° 1445; — Ms. lat. 12680, fol. 364).

Boisgautier. Boisgautier (René), né à Tours, fit profession à Saint-Melaine de Rennes, le 25 juin 1661, à l'âge de 21 ans. Il mourut, le 25 janvier 1704, au monastère de Saint-Julien de Tours. On a de lui : *Histoire de l'abbaye de Villeloin mise en abbrégé*, 1688, ms. lat. 12702, fol. 315.

(Matricule, n° 2000; — Ms. lat. 12702, fol. 315; — L. Delisle, Préface du *Monasticon gallicanum*, p. XXXIII).

Boismorel. Boismorel (N... de). Je ne parle ici de lui que pour mémoire et sous toutes réserves, n'ayant pu trouver sur lui que les renseignements suivants. Religieux à Saint-Bénigne de Dijon, il quitta la congrégation de Saint-Maur, se retira en Hollande et mourut protestant. On lui attribue « sur de bonnes preuves, » est-il dit sur l'exemplaire qu'en possède la Bibliothèque nationale : *Mémoires pour servir à l'histoire de France et de Bourgogne, contenant un journal de Paris, sous les règnes de Charles VI et de Charles VII, l'histoire du meurtre de Jean-sans-Peur, duc de Bourgogne*, avec les preuves, etc., (recueillis par Dom des Salles et publiés par de la Barre, Paris, 1729, in-4°).

(Quérard, *la France littéraire*, t. II. p. 383, au mot Boismorel.)

Bondonnet.

BONDONNET (Jean), né au Mans en 1592, fit profession à Saint-Vincent de cette ville, le 11 novembre 1610. Bibliothécaire de cette abbaye en 1614, procureur à Saint-Germain-des-Prés, prieur à Sainte-Colombe de Sens, il revint enfin à Saint-Vincent du Mans, où, aidé de son frère, Mathieu Bondonnet, sieur de Parence, il introduisit la réforme de Saint-Maur en 1636. A ce titre, il mérite donc de figurer parmi les écrivains de la congrégation de Saint-Maur. Il mourut à Saint-Vincent le 16 mars 1664. On a de lui : *Les vies des évêques du Mans restituées et corrigées, avec plusieurs belles remarques sur la chronologie*, Paris, 1651, in-4° ; — 2° *Réfutation des trois dissertations de Mr Jean de Launoy contre les missions apostoliques dans les Gaules au premier siècle*, Paris, 1653, in-4°.

(Dom François, t. I, p. 90 ; — B. Hauréau, *Histoire littéraire du Maine*, 2e éd., t. II, p. 139-141).

Bonnard

BONNARD DU HANLAY (Sébastien-François), né à Vannes, fit profession à Saint-Melaine, le 7 avril 1756, à l'âge de 18 ans. Il s'est livré à des recherches relatives à l'histoire du sol, du commerce, de l'industrie, etc., en Bretagne. L'époque de sa mort est inconnue, mais on sait qu'il vivait encore au commencement de la Révolution.

(Matricule, n° 7608 ; — Ms. 354 de la collection Moreau, p. 90 et 91).

Bonnefons.

BONNEFONS (Jean-Jacques-Paul), né à Riom, diocèse de Clermont, fit profession à Saint-Faron de Meaux, le 29 juin 1641, à l'âge de 19 ans. Il mourut le 27 avril 1688 à Saint-Faron. Il est l'auteur d'un ouvrage historique considérable, dont il y a des extraits dans le t. XXX de la collection de Dom Grenier. Par ses lettres conservées dans le t. XLIX de la même collection, nous apprenons qu'il a fait une *Histoire de l'abbaye* [illegible].

(Matricule, n° [illegible] ; — Mss. 30 et 10 de la collection Grenier).

Bonnefoy. BONNEFOY (Innocent), originaire de la Chaise-Dieu, diocèse de Clermont, fit profession à Saint-Augustin de Limoges, le 8 décembre 1648, à l'âge de 21 ans. Il mourut, le 26 juillet 1708, à Marmoutier. On a de lui : *Extraits des Saints Pères*, ms. 248 de la bibliothèque de Tours.

(Matricule, n° 1283; — Dorange, *Catalogue des manuscrits de la bibliothèque de Tours*, p. 140).

Boquet. BOQUET (Vulfran), né à Harfleur, diocèse de Rouen, fit profession à Jumièges, le 4 octobre 1638, à l'âge de 26 ans. Il mourut, le 12 juillet 1663, à Saint-André-les-Avignon. On a de lui : *Collationes in Cassianum*, ms. lat. 11667.

(Matricule, n° 875; — Ms. lat. 11667).

Boucher. BOUCHER (Henri LE) et BOUCHER, dans le *Matricule*, né à la Haute-Chapelle, diocèse du Mans, fit profession à Jumièges, le 26 novembre 1657, à l'âge de 19 ans. Il mourut, le 14 décembre 1719, à Saint-Evroul. Il a laissé : *Bref mémoire de l'histoire de l'abbaye de Nostre-Dame de l'Espiney de Saint-Pierre-sur-Dive, tirée des chartres et tiltres de la dite abbaye par moy frère Henry le Boucher, prestre, religieux et procureur d'icelle, en l'année 1685*, ms. fr. 18952, et *Mémoires pour faire l'histoire du monastère de N. D. de l'Espiney de Saint-Pierre sur Dive*, même volume.

(Matricule, n° 1804; — Ms. fr. 18952; — L. Delisle, Préface du *Monasticon gallicanum*, p. XXVIII).

Boudan. BOUDAN (Louis), né à Paris, fit profession à Saint-Remi de Reims, le 26 avril 1643, à l'âge de 20 ans. Il passa la plus grande partie de sa vie à Saint-Germain-des-Prés où il exerçait les fonctions de procureur des affaires de la congrégation de Saint-Maur au conseil privé du Roi. Il mourut dans cette abbaye le 19 avril 1695. Dom Boudan n'a pas laissé d'ouvrages achevés, mais on a de lui un volume de mélanges théologiques, intitulé : *Collec-*

tiones morales, qui forme le nº 13652 du fonds latin.

(Matricule, nº 1072; — Ms. lat. 13652; — Ms. fr. 16861, *Nécrologe de Saint-Germain-des-Prés*, p. 29).

Boulogne (Jean-Baptiste de), né à Saint-Valery, diocèse d'Amiens, fit profession à Saint-Remi de Reims, le 25 juin 1631, à l'âge de 20 ans. Il mourut, le 2 janvier 1691, au monastère de Saint-Valery. On a de lui une *Histoire de Saint-Germer de Flaix*, ms. lat. 13890. Boulogne.

(Matricule, nº 472; — Ms. lat. 13890).

Bourée (Jean-Joseph), *alias* Bouret, né à Mantes, fit profession à la Daurade de Toulouse, le 22 février 1644, à l'âge de 22 ans. Il mourut à Bourgueil, le 23 juillet 1682. On a de lui une *Traduction des psaumes*, ms. fr. 19239. Bourée.

(Matricule, nº 1111; — Ms. fr. 19239).

Bourget (Jean). Le XIIe volume des *Mémoires de la Société des Antiquaires de Normandie* renferme l'*Histoire de l'abbaye royale du Bec*, par ce bénédictin, et traduite de l'anglais par M. Victor-Evremont Pillet. Je reproduis la préface du traducteur, qui contient sur cet ouvrage et sur l'auteur des renseignements intéressants. « Dom Jean Bourget avait écrit l'histoire de l'abbaye du Bec. Son manuscrit tomba, l'on ne sait trop comment, dans les mains d'un Anglais qui le traduisit et le fit imprimer à Londres, en 1779. L'original a disparu; on n'a plus que la traduction; encore est-elle très peu répandue, nous dirions même presque inconnue. Ainsi remettre en français la traduction anglaise, c'est, en quelque sorte, publier pour la première fois le manuscrit de Dom Bourget. Son travail n'est la répétition ni du *Gallia Christiana* ni du *Neustria Pia*. La première partie offre, sans doute, le même ordre chronologique, mais non toujours les mêmes détails historiques; la seconde est tout-à-fait diffé- Bourget.

rente. Au reste, la lecture de l'ouvrage que nous publions, mettra à même de prononcer. Maintenant esquissons la biographie de l'historien de l'abbaye de Bec-Hellouin.

Dom Jean Bourget était issu d'une ancienne famille très-estimée des environs de Rouen. Il naquit dans le village de Beaumais, près de Falaise, dans le diocèse de Séez, en 1724. Il commença ses études à Caen et les acheva à l'Université de cette ville. Travaillant avec une grande ardeur, il obtint de brillants succès. En 1745, il devint moine bénédictin de St-Martin de Séez, qui à cette époque était *en règle*, c'est-à-dire sous la direction d'un abbé conventuel. Quelque temps après, il fut nommé prieur claustral de ce même monastère. Dom Bourget remplissait cet office depuis six ans, quand il fut élu prieur de Tiron en Perche. Envoyé de là à l'abbaye de St-Etienne de Caen, en qualité de sous-prieur, il administra le temporel de ce couvent pendant deux ans et le spirituel une année de plus. Après quoi, suivant la règle de cette maison religieuse, il résigna ses fonctions.

Reconnaissant son mérite et sa science, ses supérieurs l'envoyèrent de là à l'abbaye du Bec, où il demeura jusqu'en 1764. Il fut nommé membre honoraire de la Société des Antiquaires de Londres, le 10 janvier 1765. La même année, il retourna à l'abbaye de St-Etienne de Caen, où il resta jusqu'à sa mort (1).

Les emplois honorables où il fut promu à cause de sa grande capacité, le mirent à même de poursuivre ses études favorites sur l'histoire et les antiquités des principales abbayes de Bénédictins en Normandie. L'accès lui fut ouvert à toutes les sources, et il put consulter les chartes, les actes, les registres, etc. Il compulsa ces

(1) M. Pillet se trompe, car, en 1766, Dom Bourget était religieux, à Jumièges. Ms. fr. 15785, fol. 17).

archives avec grand soin, et il a laissé en manuscrit de curieux documents sur les abbayes de St-Pierre de Jumièges, de St-Etienne et de la Ste-Trinité de Caen, et une histoire de l'abbaye du Bec, qu'il présenta, en 1764, au docteur Ducarel qui l'a mise à contribution dans ses *Antiquités Anglo-Normandes.*

Dom Bourget mourut le 1er janvier 1776 d'une blessure qu'il s'était faite à la jambe, en tombant d'un escalier. Comme il descendait au cloître de l'abbaye de St-Etienne de Caen la lumière faible et douteuse d'une lampe mourante qui était placée sur le passage, le trompa et causa sa chute. Il vécut généralement estimé, et mourut sincèrement regretté de tous ceux qui le connurent. Il fut enterré dans l'église de ladite abbaye, le 3 janvier 1776. »

(*Mémoires de la Société des Antiquaires de Normandie*, XIIe vol., années 1840 et 1841, p. 366 et 377; — L. Delisle, Préface du *Monasticon gallicanum*, p. x).

Bournonville

BOURNONVILLE (Jean-Rupert de), né à Noyon, fit profession à Vendôme, le 17 février 1640, à l'âge de 26 ans. Il mourut, le 29 janvier 1670, au monastère de Saint-Valery. Il est l'auteur de l'*Histoire chronologique de l'abbaye royalle de Saint Vualery-sur-Mer*, ms. lat. 12704, fol. 143-224.

(Matricule, n° 942 ; — Ms. lat. 12704, fol. 143).

Brachet.

BRACHET (Michel-Benoît), né à Orléans, fut élevé à Fleury-sur-Loire, où il fit profession à l'âge de 16 ans. Sous-prieur et professeur de philosophie à Tiron, à l'âge de 22 ans et, trois ans après, prieur à Saint-Martin-des-Champs, à Paris, puis à Saint-Germain-des-Prés. Honoré de la confiance de Louis XIII, il fut chargé plusieurs fois de missions importantes par Richelieu, Mazarin et Louis XIV. Il fut élu Général de la congrégation de Saint-Maur au mois d'avril 1682, et mourut à Saint-Germain-des-Prés, le 7 janvier 1687, à l'âge de 77 ans. Selon Dom François, il a laissé des traités de philosophie, de morale, des discours, des lettres, des mémoires, etc.

(Matricule, n° 250; — Dom François, t. III, p. 502-503).

Bréard.

BRÉARD (Alexis)*. A l'ouvrage de Dom Bréard mentionné par Dom Tassin, il faut ajouter : 1° *Traitté des hommes illustres de la très saincte et très royale abbaïe de Fontenelle divisé en deux parties et achevé le 2 aout 1657*, ms. 264 de la bibliothèque de Rouen ; — 2° *Le sanctuaire de la saincte et royalle abbaïe de Fontenelle, ou de Sainct-Vuandrille, diocèse de Rouen en Normandie, fait et achevé le 6 octobre de l'an 1652*, ms. 265 de la bibliothèque de Rouen; — 3° *Le Triergon de la saincte abbaïe de Fontenelle en Normandie, diocèse de Rouen, contenant le sanctuaire, le traité des personnes illustres et vénérables, et le triple Arbre de Fontenelle*, mss. 266 et 267 de la bibliothèque de Rouen ; — 4° *Apparatus ad historiam Fontanellæ sanctæ*, 1685, ms. 270 de la bibliothèque de Rouen. Régent et directeur du séminaire de Pontlevoy, de 1647 à 1650, il a composé une tragédie représentée par les élèves du séminaire, le 19 septembre 1648, *S. Jacques l'Intercis* et un poëme sur la Résurrection de J. C.

(Frère, *Catalogue des manuscrits de la bibliothèque de Rouen*, p. 110-112 ; — Extrait du *Mémorial du séminaire de Pontlevoy*, communiqué par M. Paul de Fleury).

Brial.

BRIAL (Michel-Jean-Joseph), né à Perpignan, fit profession à la Daurade, le 15 mai 1764, à l'âge de 22 ans. Il mourut à Paris, le 24 mai 1828. Pendant qu'il était religieux bénédictin, il collabora avec Dom Clément aux douzième et treizième volumes du *Recueil des historiens de France*, publiés en 1786. Les nombreux et importants travaux de Dom Brial appartiennent au bénédictin ; ils sont publiés par l'académicien qui semble ainsi destiné à relier les glorieuses traditions de la congrégation de

Saint-Maur et celles de l'Académie des inscriptions et belles-lettres.

(Matricule, n° 7841 ; — *Notice sur Dom Brial*, en tête du t. XIX du *Recueil des historiens de France* ; — *Nouvelle biographie générale*, t. VII, col. 369-370, au mot Brial).

Bridon (François), *alias* Bridou, né à Nantes, fit profession à Marmoutier, le 15 janvier 1694, à l'âge de 21 ans et mourut, le 26 novembre 1733, au monastère de Saint-Jacques de Pirmil. Il enseigna la rhétorique à Pontlevoy de 1703 à 1706 et composa pendant ce temps deux pièces qui furent jouées par ses élèves : *Orphée aux Enfers* et la *Prise de Constantinople ou Constantin détrôné par Mahomet*. De 1706 à 1720, il fut directeur du séminaire de Pontlevoy qu'il rendit très-prospère. Bridon.

(Matricule, n° 4035 ; — Extrait du *Mémorial du séminaire de Pontlevoy*, communiqué par M. Paul de Fleury).

Brosse (Louis-Gabriel), né à Auxerre, fit profession à Vendôme, le 27 mars 1637, à l'âge de 18 ans. Il mourut, le 1er août 1686, au monastère de Saint-Denis. On a de lui : 1° *Vie de sainte Euphrosine vierge et martyre, tirée des anciens auteurs et traduite en vers françois*, Paris, 1649, in-12 ; — 2° *Les tombeaux et mausolées des roys de France inhumés dans l'église de Saint-Denis, depuis le roy Dagobert jusqu'à Louis XIII, avec un abrégé des choses les plus notables arrivées pendant leur règne, en vers françois*, Paris, 1656. « Il a composé aussi en vers quelques autres ouvrages de dévotion, » dit une note du ms. 1096 de la collection Moreau, fol. 90 v° et 126 v°. Brosse

(Matricule, n° 788 ; — Ms. 1096 de la collection Moreau, fol. 90 v° et 126 v°).

Buisson (Daniel-Pierre du), originaire de Montpellier, fit profession à la Daurade, le 9 février 1656, à l'âge de 17 ans. Il mourut, le 16 septembre 1684, au monastère d'Avignon. Il a fourni au *Monasticon benedictinum* : *His-* Buisson.

toriæ monasterii S. Severi in capite Vasconiæ compendium, ms. lat. 12696, fol. 357.

(Matricule, n° 1033; — Ms. 12696, fol. 357; — L. Delisle, Préface du *Monasticon gallicanum*, p. xxx).

Buteux. BUTEUX (Pierre-Fabien), appelé aussi BULTREUX par l'auteur du catalogue des manuscrits de la bibliothèque de Chartres, était originaire de Saint-Riquier, au diocèse d'Amiens. Il fit profession à Jumièges, le 13 septembre 1625, à l'âge de 20 ans. Il est l'auteur d'une histoire manuscrite de l'abbaye de Josaphat, qui est conservée à la bibliothèque de Chartres sous le n° 71. La date de 1668 assignée à ce ms. prouve que ce n'est qu'une copie, car Dom Buteux mourut le 22 mai 1652 à l'abbaye de Saint-Germain-des-Prés. Son nom ne figure pas dans les nécrologes de cette abbaye.

(Matricule, n° 180; — *Catalogue des manuscrits de la bibliothèque de la ville de Chartres*, p. 154).

Cabanel. CABANEL (Antoine), né à Leucate, diocèse de Narbonne, fit profession à la Daurade, le 5 mars 1666, à l'âge de 21 ans. Il y mourut le 3 février 1709. On a de lui : 1° *Entretien de deux âmes dévotes au sujet de la venue de Jésus au monde, de sa vie cachée et de sa mort et passion*, ms. 289 de la bibliothèque de Toulouse; — 2° *Entretien de trois frères solitaires, Désiré, Lumière et Amour, au sujet du livre des Cantiques*, ms. 290 de la bibliothèque de Toulouse.

(Matricule, n° 2402; — Communication de M. Auguste Molinier).

Cafflaux. CAFFIAUX (Philippe-Joseph)*. Dans son *Histoire littéraire de la congrégation de Saint-Maur*, Dom Tassin ne fait connaître que le lieu de naissance de Dom Cafflaux et ne mentionne que son *Traité sur la musique* et l'*Avis à la province de Picardie*. A ces trop courts renseignements nous ajouterons que Dom Cafflaux fit sa profession à Saint-Vandrille, le 25 novembre 1731, à l'âge de 19 ans.

Après le cours ordinaire de ses études, il enseigna pendant plusieurs années la philosophie et la théologie dans la province de France. En 1766, il était religieux à Corbie. Son travail le plus considérable est le *Trésor généalogique*, immense recueil qui ne forme pas moins de 30 volumes, cotés sous les n°s 1209-1248 de la collection du Cabinet des titres de la Bibliothèque nationale. Il en a été imprimé seulement deux volumes. Le ms. lat. 13111 contient de lui : *Criticæ disquisitiones ac compendiosæ in auctores selectos qui doctis elucubrationibus rem litterariam ditarunt*, avec traduction française, et *Feriæ seu data studiorum relaxatio comœdia*, avec traduction française; dans le ms. 64 de la collection Grenier, fol. 152-242, il y a encore de lui la *Topographie de la Picardie*. Dom Caffiaux mourut, le 28 décembre 1776, à l'âge de 65 ans, à Saint-Germain-des-Prés. Il fut enterré dans le cloître du côté de l'hôtellerie.

(Ms. fr. 16861, *Nécrologe de Saint-Germain-des-Prés*, p. 189. — Ms. fr. 16785, p. 23. — *Histoire littéraire de la congrégation de Saint-Maur*, p. 677; — Ms. lat. 13111; — Ms. 64 de la collection Grenier, fol. 152-242; — Mss. 1209-1248 de la collection du Cabinet des titres).

Campigny. CAMPIGNY (Charles-Benoît DE), né à Orléans, fit profession, le 21 juin 1620, à Noaillé, à l'âge de 51 ans. Il avait été auparavant religieux célestin et devint même supérieur de la maison de Lyon. Mais ayant voulu opérer des réformes trop radicales dans son ordre, il avait été obligé de le quitter et c'est alors qu'il se fit bénédictin. Il mourut, le 8 décembre 1634, au monastère des Blancs-Manteaux à Paris. On a de lui : 1° *Le Guidon de la vie spirituelle*, qui ne parut pas sous son nom; — 2° *L'Anatophile bénédictin aux pieds du roi, pour la réforme de l'ordre de Saint-Benoît*, 1613, et diverses apologies.

(Matricule, n° 72; — Dom François, t. I p. 177; — Brainne, Debarbouiller et Lapierre, *Les hommes illustres de l'Orléanais*, t. II, p. 28 et 29).

Camps.

CAMPS (Louis DE), né à Chambly, diocèse de Beauvais, fit profession à Saint-Faron de Meaux, le 24 janvier 1656, à l'âge de 28 ans. Il mourut au monastère de Redon, le 30 avril 1689. Il est l'auteur d'une histoire de l'abbaye du Mont-Saint-Michel, citée par MM. Germain, Brin et Corroyer, p. 177 et *passim*.

(Matricule, n° 1636; — *Saint-Michel et le Mont-Saint-Michel*, Paris, Didot, 1880).

Capron.

CAPRON (Jean-Baptiste-Honoré), né à Amiens, fit profession à Jumièges, le 28 janvier 1760, à l'âge de 23 ans. Le lieu et la date de sa mort, arrivée entre 1777 et 1790, me sont inconnus. Il fut « le confrère laborieux et intelligent » de Dom Caffiaux au *Trésor généalogique*.

(Matricule, n° 7684; — Dom Caffiaux, *Trésor généalogique*, Introduction).

Carrière.

CARRIÈRE (Marie-Jacques?), né à Béziers, fit profession à la Daurade de Toulouse, le 24 février 1757, à l'âge de 18 ans. Il s'occupa de l'histoire de la Guyenne, dont il publia le prospectus en 1782, sous le titre de *Discours pour servir de prospectus à l'histoire générale de Guyenne*, Bordeaux, 1782, in-4°. Il vivait encore au moment de la Révolution.

(Matricule, n° 7549; — Ms. 354 de la collection Moreau, fol. 186; — L. Delisle, *Le Cabinet des manuscrits de la Bibliothèque nationale*, t. II, p. 71; — *Catalogue des actes de Philippe-Auguste*, p. XXXIX).

Cassard.

CASSARD (Augustin), né à Rennes, fit profession à Saint-Melaine, le 11 août 1731, à l'âge de 19 ans. Il mourut à Saint-Magloire-de-Lehon, le 15 janvier 1751. Il est un des bénédictins chargés de la préparation d'une histoire de la Touraine, de l'Anjou et du Maine, dont les matériaux sont conservés à la Bibliothèque nationale.

Matricule, n° 6170; — L. Delisle, *Le Cabinet des manuscrits de la Bibliothèque nationale*, t. II, p. 74; — *Notice sur des collections manuscrites de la Bibliothèque nationale*, p. 50; (extrait de la *Bibliothèque de l'École des Chartes*, t. XXXII, p. 286); — *Catalogue des actes de Philippe-Auguste*, p. XLIII).

CATIGNON (Charles), né à Québec, fit profession à Vendôme, le 25 octobre 1696, à l'âge de 19 ans. Le lieu et la date de sa mort me sont inconnus. Étant régent de rhétorique à Pontlevoy, en 1708, il composa une tragédie intitulée : *Joseph reconnu par ses frères*. Catignon.

(Matricule, n° 4281; — Extrait du *Mémorial du séminaire de Pontlevoy*, communiqué par M. Paul de Fleury).

CHALLUS (Faron DE), né au Bourgneuf, diocèse du Mans, fit profession à Saint-Faron de Meaux, le 2 mai 1622, à l'âge de 24 ans et mourut, le 8 novembre 1658, à Saint-Martin-des-Champs. On a de lui : 1° *Requête de Dom Faron de Challus, par laquelle il reconnoît avoir supposé, fait imprimer et distribué un faux bref; et demande pardon et pénitence pour son crime, avec promesse de vivre désormais en bon religieux, en date du 2 août 1644, au très R. P. Dom Grégoire Tarisse, supérieur général de la congrégation de Saint-Maur* (s. l. n. d.), in-4°; — 2° *Factum narratif de ce qui s'est passé en l'abrogation de l'institut qui avoit été reçu et pratiqué, par autorité apostolique, plusieurs années en la congrégation de Saint-Maur, et à l'observance duquel les religieux profès d'icelle s'étoient personnellement obligés par leurs vœux et serments solennels après leur an de probation; et des moyens dont le R. P. Dom Grégoire Tarisse et ses adhérents se sont servis pour y en subroger un autre contraire; avec quelques raisons et autorités pour faire connaître que cette innovation n'a pu ni dû être introduite et pratiquée en ladite congrégation sans l'expresse permission et confirmation de notre Très-Saint-Père le pape et le consentement exprès des religieux qui avoient fait profession en ladite congrégation* (s. l., 1645), in-4°; — 3° *Quelques remarques sur les innovations introduites en la congrégation de Saint-Maur, depuis quinze ans*, Challus.

par cinq ou six supérieurs d'icelle; et des maux et abus qui s'en sont ensuivis, à la ruine spirituelle et temporelle de ladite congrégation (s. l. n. d.), in-4° ; — 4° *Briéves remarques entre les innovations, faites et pratiquées depuis l'an 1630 jusqu'à présent, en ce qui touche la célébration des chapitres généraux et la direction de la congrégation de S. Maur, et ce qui est ordonné par les instituts de la première et seconde partie des congrégations du Mont-Cassin et de S. Vanne pour la conduite d'icelle; et quelques répliques aux imprimés faits par le R. P. Dom Grégoire Tarisse et consorts pour appuyer lesdites innovations et abrogations.* (s. l., 1645), in-4° ; — 5° *Répliques à un imprimé qui s'intitule: Reponse à un libelle*, etc. (s. l., 1645), in-4°.

(Matricule, n° 134).

Chamereau. CHAMEREAU (Nazaire), originaire de Villeneufve, diocèse d'Autun, fit profession à Vendôme, le 12 août 1687, à l'âge de 18 ans. Le lieu et la date de sa mort me sont inconnus : il parait avoir quitté la congrégation de Saint-Maur, car le registre matricule porte à son nom la mention : *extra*. On a de lui : *Mémoires de l'abbaye de Pontlevoy*, 1702.

(Matricule, n° 3717; — Ms. lat. 12661, fol. 218).

Champenois. CHAMPENOIS (Simon), né à Reims, fit profession dans l'abbaye de Saint-Remi de sa ville natale, le 29 septembre 1662, à l'âge de 18 ans, et mourut, le 20 octobre 1718, à Saint-Nicaise de Reims. Il a collaboré aux travaux entrepris en vue d'une édition des œuvres de s. Anselme, en transcrivant le ms. de Saint-Martin de Tournai qui contenait les œuvres de ce Père. Le résultat de ses recherches est consigné dans le ms. lat 11689, fol. 15.

(Matricule, n° 2095; — Ms. lat. 11689, f° 15).

Chapelier. CHAPELIER (Jacques), appelé aussi CAPELIÈRE dans le *Matricule*, naquit à Javron, diocèse du Mans. A l'âge de

25 ans, le 21 mai 1681, il fit profession à Saint-Melaine. Il mourut au monastère de Saint-Malo, le 7 septembre 1717. On a de lui : *Mémoires pour servir à l'abbaye de Saint-Melaine*, ms. fr. 22357.

(Matricule, n° 3374; — Ms. fr. 22357).

Chappe. CHAPPE (François), né à Digoin, diocèse de Clermont, fit profession à Saint-Augustin de Limoges, le 9 juin 1648, à l'âge de 21 ans. Il paraît avoir quitté la congrégation de Saint-Maur, et le lieu et la date de sa mort sont inconnus. On a de lui : 1° *Première démonstration du droit de nomination aux cinq abbayes, dites de Chezal-Benoît. Au Roi, et à nos seigneurs de son Conseil* (s. l. n. d.), in-4° ; — 2° *Second éclaircissement du droit de Sa Majesté sur les cinq abbayes de Chezal-Benoît. Au Roi* (s. l. n. d.), in-4° ; — 3° *La réalité de l'abbé de régime, pour terminer les différends des cinq abbayes. Au Roi, et à nos seigneurs de son Conseil* (s. l. n. d.), in-4°.

(Matricule, n° 1263).

Chemin. CHEMIN (Jacques DU), né à Ducey, au diocèse d'Avranches, fit profession à Saint-Serge d'Angers, le 12 mars 1657, à l'âge de 20 ans. Il mourut le 19 mai 1695 au monastère Saint-Aubin de la même ville. Bien qu'il n'ait pas laissé de travaux achevés, il mérite d'être signalé ici, car il a envoyé à Dom Michel Germain des notes sur le prieuré de Vitré, au diocèse de Rennes (23 décembre 1693).

(Matricule, n° 1714; — Ms. lat. 12703, fol. 201; — L. Delisle, Préface du *Monasticon gallicanum*, p. XXXIII).

Chenille. CHENILLE (Gilles), né à Gien, fit profession à Saint-Allyre de Clermont, le 25 février 1664, à l'âge de 22 ans. Il mourut, le 24 mai 1701, à Saint-Calais. Il y a de lui des notes sur l'abbaye Saint-Pierre de Châlon, dans le ms. lat. 12689, fol. 193.

(Matricule, n° 2215; — Ms. lat. 12689, fol. 193).

Chevalier.

CHEVALIER (Damien-Ignace), originaire de Rochefort, ancien diocèse d'Angers, fit profession à Vendôme, le 8 février 1640, à l'âge de 23 ans. Il mourut, le 15 juin 1692, au monastère Saint-Benoît de Saint-Malo. Il est l'auteur d'une *Histoire de l'abbaye Notre-Dame d'Evron*, 1669, qui porte le n° 19864 du fonds fr. Est-il l'auteur de la *Dissertation sur les martyrs d'Auvergne*, qui est dans le ms. 288 de la bibliothèque de Clermont?

(Matricule, n° 936; — Ms. fr. 19864; — Gonod, *Catalogue des livres imprimés et manuscrits de la bibliothèque de Clermont-Ferrand*, p. 543).

Clavelin.

CLAVELIN (Claude-Pierre), né à Nevy, diocèse de Besançon, fit profession à Vendôme, le 24 juillet 1750, à l'âge de 22 ans. Le lieu et la date de sa mort me sont inconnus. Il est l'auteur d'un ouvrage, probablement resté manuscrit, sur la construction des cheminées. Il reçut pour cet ouvrage « sur la décision du Bureau de consultation des arts et métiers, le *maximum* des récompenses nationales. » Le rapport du Bureau, publié dans le *Magasin encyclopédique* de 1795, t. V, p. 306-340, nous apprend que « les travaux du citoyen Clavelin ont été entrepris et achevés au sein de la célèbre congrégation de Saint-Maur. »

(Matricule, n° 7607; — *Magasin encyclopédique*, t. V, p. 307-340).

Clerc.

CLERC (Guillaume LE), né à Elbeuf, fit profession le 8 juillet 1727 au monastère du Bec. On lui doit, en collaboration avec Montfaucon, le catalogue des mss. grecs de la bibliothèque de Coislin.

(Matricule, n° 2250; — L. Delisle, *Le Cabinet des manuscrits de la Bibliothèque nationale*, t. II, p. 98).

Clergier.

CLERGIER (Odo), né à Dijon, fit profession à Vendôme, le 8 mai 1663, à l'âge de 19 ans et mourut, le 25 mai 1717, à Saint-Bénigne de Dijon. Il est l'auteur d'une *Histoire de*

Saint-Michel de Tonnerre, ms. lat. 12685, fol. 75.

(Matricule, n° 2150; — Ms. lat. 12685, fol. 75. — L. Delisle, Préface du *Monasticon gallicanum*, p. xxvii).

Col. Col (Claude-Joseph), né à Saint-Anthème, diocèse de Clermont, fit profession à Saint-Allyre de Clermont, le 8 décembre 1741, à l'âge de 20 ans. J'ignore le lieu et l'époque de sa mort; il figure dans la liste des bénédictins vivant encore le 16 avril 1790. On conserve de lui à la Bibliothèque nationale, sous les n°s 9193-9199 du fonds latin, sept volumes de documents sur le Limousin. Ils sont relatifs à l'église de Limoges, au prieuré de Beaulieu, au Vigeois (9193); à Malmac, à l'abbaye de la Règle, à Bonne-Saigne (9194); à Bonlieu, à Saint-Maixent, à Beaulieu, à Cadouin (9196); à Saint-Amand de Boisse (9175). Le n° 9198 contient des extraits de registres de notaires; le n° 9195 des pouillés du diocèse de Limoges; le n° 9199 un état des lieux de la généralité de Limoges. Cette collection est incomplète, puisqu'elle ne comprend que les tomes 1, 3, 4, 5, 7, 8 et 9. Il est l'auteur d'un *Nobiliaire d'Auvergne*, qui porte le n° 228 des mss. de la bibliothèque de Clermont-Ferrand, et d'une *Généalogie de la famille de Lubersac*, dont il existe une copie au Cabinet des titres de le Bibliothèque nationale.

(Matricule, n° 6722; — Gonod, *Catalogue des livres imprimés et manuscrits de la bibliothèque de Clermont-Ferrand*, p. 531; — L. Delisle, *Le Cabinet des manuscrits de la Bibliothèque nationale*, t. I, p. 565, t. II, p. 71; — *Catalogue des actes de Philippe-Auguste*, p. vi).

Collinet. Collinet (Paul-René), né à Tours, fit profession à Saint-Mélaine de Rennes, le 18 novembre 1668, à l'âge de 19 ans. En 1674, il était religieux à Saint-Vincent du Mans. Pendant son séjour dans cette abbaye, il s'occupa de la compilation qui forme le ms. fr. 19540 et qui contient : 1° *L'abbé commendataire où l'injustice des com-*

mandes est condamnée par la loy de Dieu, par les décrets des papes et par les ordonnances, pragmatiques et concordats des roys de France pour les défendre contre la calomnie de ceux qui en prétendent authoriser cet abus, par le sieur des Boisfranc, Cologne, 1672; — 2° *L'abbé commendataire, par le sieur de Froimont*; — 3° *De sententiis. Bernardi, abbatis Claravallis ex sua epistola ad Humbertum de commendis et commendatariis*; — 4° *Consultation des docteurs s'il est permis à un religieux non réformé d'une abbaïe réformée qui devient curé d'une cure séculière de 2500 livres de rente, de retenir sa pension monacale*; — 5° *De sacrarum electionum, auctore G. Genebrardo, Aquarum Sextiarum archiepiscopo*, Paris, 1593. Dom Collinet mourut, le 4 novembre 1725, à l'abbaye de Corbie.

(Matricule, n° 2568; — Ms. fr. 19540).

Coquelin. COQUELIN (Jean-Benoît), né à la Trinité, diocèse de Saint-Malo, fit profession à Saint-Melaine de Rennes, le 2 novembre 1632, à l'âge de 20 ans. Il mourut, le 12 avril 1682, à l'abbaye de Fécamp. On a de lui : 1° *Histoire de l'abbaye du Tréport*, ms. fr. 18951; — 2° *Historiæ regalis abbatiæ Corbeiensis compendium*, publié par M. Garnier dans les *Mémoires de la Société des antiquaires de Picardie*, t. VIII, p. 401.

(Matricule, n° 524; — Ms. fr. 18951; — *Mémoires des antiquaires de Picardie*, t. VIII, p. 401).

Cosson. COSSON (Pierre), né à Machecoul, diocèse de Nantes, fit profession à Saint-Melaine de Rennes, à l'âge de 22 ans, et mourut, le 26 mars 1726, à Marmoutier. Il paraît être l'auteur de la *Notice historique sur l'abbaye de Noyers*, qui est dans le ms. lat. 12681, fol. 110. (Voy. ms. lat. 12665, fol. 275).

(Matricule, n° 2723; — Ms. lat. 12681, fol. 110, et 12665, fol. 275; — L. Delisle, Préface du *Monasticon gallicanum*, p. XVIII).

COTRON (Victor)* est encore l'auteur : 1° de la *Chronique de l'abbaye de Nogent-sous-Coucy*, dont la Bibliothèque nationale possède une copie extrêmement défectueuse sous le n° 17775 du fonds latin ; — 2° de l'*Histoire de l'abbaye de Saint-Thierry au Mont-d'Or-lez-Reims*, n° 801 de la bibliothèque de Reims. Cotron.

(Ms. lat. 4775 ; — Hænel, *Catalogi librorum manuscriptorum*, col. 409).

COUPPY (Pierre-François), né à Compiègne, fit profession à Saint-Remi de Reims, le 13 juillet 1683, à l'âge de 19 ans, et mourut à Ambournay, le 1er janvier 1698. Étant régent de 2e et sous-directeur des études à Pontlevoy, il fit représenter, le 20 août 1668, par les élèves du séminaire, une pièce de sa composition intitulée : *Les miracles de Calvin*. Couppy.

(Matricule, n° 2165 ; — Extrait du *Mémorial du séminaire de Pontlevoy*, communiqué par M. Paul de Fleury).

COURTIN (Toussaint), naquit à Vendôme et fit profession à Saint-Serge d'Angers, le 10 septembre 1665, à l'âge de 20 ans. Prieur à Beaulieu en Touraine et à Saint-Malo, il mourut au monastère de cette ville, au mois d'avril 1718. Il a écrit en vers français une *Relation du bombardement de Saint-Malo par les Anglais*, imprimée in-16. Courtin.

(Matricule, n° 2871 ; — Ms. fr. 17005, *Supplément de la Bibliothèque chartraine*, par Dom Liron, fol. 448 v° ; — Ms. fr. 17006, *id.* fol. 404 v°).

COURVOL (Charles DE), né à la Chapelle-Saint-André, diocèse d'Auxerre, le 8 janvier 1699, était fils de Jean-Guy de Courvol, seigneur de Croisy et de Lucery, et d'Edmée-Madeleine Besave. A l'âge de 19 ans, le 2 avril 1718, il fit profession à Vendôme. L'époque de sa mort est inconnue. On a de lui : *Généalogie de la maison de Courvol en Nivernais, dressée sur titres originaux et sur des* Courvol.

jugements d'intendants, rendus lors de la recherche de la noblesse du royaume en 1666 et depuis, in-4°. Il y a eu deux éditions de cette généalogie.

(Matricule, n° 5436; — *Généalogie de la maison de Courvol*, 2° éd., p. 61; — Dossier *Courvol* au Cabinet des titres de la Bibliothèque nationale, fol. 3-10 et fol. 24; — Quérard, *la France littéraire*, t. IV, p. 324, au mot COURVOL).

Cousin.

COUSIN (François), né à Ruillé, diocèse du Mans, fit profession à Saint-Melaine de Rennes, le 16 août 1650, à l'âge de 27 ans. Il mourut, le 9 mars 1670, au monastère de Landevenech. On a de lui : *Memoriale complectens ea quæ ad fundationem pertinent monasterii Sti Vuingaloei de Landevenneco, nec non ea quæ in eodem magis notatu digna venerunt*, ms. lat. 12703, fol. 267.

(Matricule, n° 1351; — Ms. lat. 12703, fol. 267).

Coutans.

COUTANS (Guillaume), *alias* COUTANCE et COUTANT, né à Bapaume, diocèse d'Arras, fit profession à Saint-Faron de Meaux, le 25 juillet 1742; il devait alors avoir 18 ans, car d'après une liste donnant l'âge des bénédictins de la congrégation de Saint-Maur, le 16 avril 1790, il avait à cette date 66 ans. En 1788, il était à Lagny. C'est pendant son séjour à Lagny qu'il fit l'*Atlas topographique des environs de Paris*, publié de nouveau sous ce titre à Paris, en 1800, par Charles Picquet : *Atlas topographique, en XVI feuilles, des environs de Paris, à la distance d'environ 8 myriamètres, ou 18 lieues, dans sa moyenne étendue, dressé sur une échelle de 31 millimètres pour 2 kilomètres (4 lignes pour 300 toises)*, par Dom G. Coutans, ex-bénédictin. Il a aussi publié : *Description historique et topographique de la grande route de Paris à Reims*, Paris, 1775, in-4° ; — *Tableau topographique de la forêt de Magny-en-Vexin*.

(Matricule, n° 6755; — Ms. fr. 15785, p. 22 et 60; — Ms. fr. 20850, fol. 7, 12 v° et 30 v°; — Quérard, *la France littéraire*, t. II, p. 325

au mot Coutans ; — Léopold Pannier, *Note sur les cartes et plans de Paris et de l'Ile-de-France*, etc., p. 11 et 12).

Crocq (Thomas du), né à Boulogne, fit profession à Saint-Faron, le 13 août 1681, à l'âge de 19 ans. Il a composé : *Dissertation sur Portius Itius*, signé *Abdiel Thanach*, pseudonyme de ce bénédictin. Cette dissertation est conservée à la bibliothèque de Boulogne-sur-Mer sous le n° 110 B du fonds des mss. Il est en outre l'auteur de *Recherches historiques sur le pays des anciens Morins*, qu'il fit en 1700, à l'abbaye de Samer ; c'est le n° 109 des mss. de la bibliothèque de Boulogne. Il mourut, le 8 août 1727, à Saint-Éloi de Noyon. Crocq.

(Matricule, n° 3293 ; — *Catalogue des manuscrits de la bibliothèque de Saint-Omer*, par M. Michelant, dans le t. III du *Catalogue général des départements*).

Croix (Guillaume de la), né à Dijon, fit profession à Vendôme, le 13 septembre 1665, à l'âge de 23 ans. Il mourut, le 23 juin 1718, au monastère de la Couture du Mans. On a de lui : *Période julienne ou suite de 7980 ans qui vient de la multiplication des cycles du soleil, de la lune et des indictions l'un par l'autre, c'est-à-dire des nombres 28, 19, 15*, ms. 87 de la bibliothèque du Mans. Croix.

(Matricule, n° 2372 ; — Hænel, *Catalogi librorum manuscriptorum*, col. 207).

Dardelle (Arnoul-Benoît), né à Joinville, diocèse de Châlons, fit profession, à l'âge de 40 ans, au monastère des Blancs-Manteaux, le 3 mai 1681. Voici les titres de ceux de ses ouvrages qui nous sont connus : 1° *L'homme intérieur et divin formé sur le modèle de quelques perfections de Dieu et exprimé au vif par s. Benoît en sa règle* ; — 2° *Le supérieur bénédictin en méditations, sur les moyens plus assurés d'un bon gouvernement. Retraite spirituelle de dix jours* ; — 3° *La chute du juste sept fois le jour ou examen de conscience sur les péchés véniels et imperfec-* Dardelle.

tions avec un discours préambulaire de leurs mauvais effets. Ces trois ouvrages réunis forment le ms. fr. 17104 de la Bibliothèque nationale. Dom Dardelle mourut le 14 octobre 1652 à Saint-Corneille de Compiègne.

(Matricule, n° 408; — Ms. fr. 17104).

Darluc. DARLUC (Jean), né à Souillac, diocèse de Cahors, fit profession à Sainte-Croix de Bordeaux, le 22 décembre 1664, à l'âge de 17 ans. Il mourut, le 20 avril 1715, à Saint-Sever-Cap. Il a fourni au *Monasticon benedictinum : Abrégé de l'histoire du monastère de Sainte-Croix de Bordeaux*, ms. lat. 12657, fol. 86.

(Matricule, n° 2303; — Ms. 12657, fol. 86).

Dehen. DEHEN (Jean-Baptiste), *alias* DE HEN, né à Corbie, fit profession à Saint-Remi de Reims, le 15 mai 1722, à l'âge de 18 ans. Il fut plus tard chargé d'enseigner la théologie dans le même monastère. Il nous reste de lui un travail incomplet sur les sacrements, ms. lat. 12357. Il mourut, le 8 septembre 1783, à Saint-Germain-des-Prés.

(Matricule, n° 5049; — Ms. lat. 12357, 2e partie).

Delrue. DELRUE (Marie-Joseph), né à Tournai, fit profession à Jumièges, le 17 septembre 1716, à l'âge de 19 ans. Il devint supérieur général de la congrégation de Saint-Maur. Il mourut, le 1er août 1767, à Saint-Denis. On a de lui : 1° *Requête présentée au roi par le supérieur général, le régime et la plus nombreuse partie de la congrégation de Saint-Maur, contre l'entreprise de vingt-huit religieux de l'abbaye de Saint-Germain-des-Prés; 23 juillet 1765*, Paris, Vallat La Chapelle, 1765, in-4° ; — 2° *Lettre au sujet de la réforme introduite dans la congrégation de Saint-Maur, 6 août 1765* (s. l.), in-4°.

(Matricule, n° 5317).

DESCHAMPS (Jean-Baptiste), né à Auxerre, fit profession à Fleury-sur-Loire, le 8 octobre 1670, à l'âge de 18 ans. Il mourut, le 28 juin 1690, à Saint-Léonard de Corbigny. Il a laissé en ms. : *Recueil des œuvres de Saint-Jean-Chrysostôme*, mss. lat. 12143-12146. Mabillon, en tête de ce recueil, en a porté un jugement en général peu favorable, quoique cependant il lui donne quelques éloges. Deschamps.

(Matricule, n° 2749; — Mss. lat. 12143-12146).

DESCHAMPS (Léger-Marie), né à Rennes, fit profession à Saint-Melaine, le 8 septembre 1733, au monastère de Montreuil-Bellay. Il est un des bénédictins qui furent chargés de la préparation d'une histoire de la Touraine, de l'Anjou et du Maine. On a de lui : 1° *Lettres sur l'esprit du siècle*, Londres (Paris), 1769, in-8° ; — 2° *La voix de la raison contre la raison du temps, et particulièrement contre celle de l'auteur du système de la nature*, Bruxelles, 1770, in-8. Mais son principal ouvrage est un ms. intitulé : *La vérité ou le vrai système*, 1775. Il est conservé à la bibliothèque de Poitiers sous le n° 228 des mss. Il devait former cinq volnmes. Les t. 1 et 2 ont été reliés ensemble ; les t. 3 et 4 manquent. M. Beaussire, professeur à la Faculté des lettres de Poitiers, en a fait l'objet d'une étude approfondie dans le t. X des *Bulletins de la Société des antiquaires de l'Ouest*. Cet ouvrage contient l'esquisse d'un système de métaphysique assez remarquable, dans lequel M. Beaussire a cru reconnaître une sorte d'anticipation des théories les plus célèbres de la philosophie allemande. Deschamps était en correspondance avec J.-J. Rousseau, Voltaire, Robinet, l'abbé Yvon, etc. Deschamps.

(Matricule, n° 6290; — L. Delisle, *Le Cabinet des manuscrits de la Bibliothèque nationale*, t. II, p. 74 ; — *Notice sur des collections manuscrites de la Bibliothèque nationale*, p. 50 (extrait de la *Bibliothèque de l'École des Chartes*, t. XXXII, p. 286) ; — *Catalogue des actes de Philippe-Auguste*, p. XLIII; — Paul de Fleury, *Inventaire analytique et descriptif des manuscrits de la bibliothèque de Poitiers*, p. 70; — C. Port, *Dictionnaire historique, géographique et biographique de Maine-et-Loire*, t. II, p. 81 et 82; — Beaussire, *Antécédents de l'Hégélianisme dans la philosophie française; Dom Deschamps, son système et son école*, Paris, 1865, in-12°; — Vincenzo Giovanni, *D. Deschamps e Vincenzo Micoli, precursori del moderno Panteismo alemanno*, 1865, in-8°; — *Mémoires lus à la Sorbonne*, 1864, *Section d'histoire*, p. XII-XV).

Didier

DIDIER (Jérôme), *alias* DEIDIER, né à Montpellier, fit profession à la Daurade, le 17 juin 1697, à l'âge de 17 ans. Le lieu et la date de sa mort me sont inconnus. Le *Monasticon benedictinum* renferme de lui : *Annales San-Severiani ab asceta San-Severiano in epitomem redacti*, 1710, ms. lat. 12696, fol. 362. Dom Didier avait aussi envoyé à Mabillon, le 5 avril 1711, sur l'abbaye de Saubalade, des notes qui sont dans le ms. lat. 12697, fol. 116.

(Matricule, n° 4247; — Ms. lat. 12696, fol. 362; — Ms. lat. 12697, fol. 116).

Didon.

DIDON (Gilles)*. On lui attribue aussi : *Réfutation de la réponse de l'évêque d'Angers à la lettre de M. Dublineau, docteur de Sorbonne, du faux système de M. l'évêque de Soissons dans ses deux avertissements, et des pernicieux principes sur lesquels on prétend établir l'acceptation de la bulle* Unigenitus, *20 mai 1719*, in-8°.

Dieu.

DIEU (Julien DE), né à Arles, fit profession à Saint-Augustin de Limoges, le 1er septembre 1750, à l'âge de 18 ans. Il vivait encore en 1790. Après la mort de Dom Housseau, il fut chargé de préparer l'histoire du Maine, de l'Anjou et de la Touraine.

(Matricule, n° 7198; — Ms. 1090 de la collection Moreau, f° 91 v° et 130 v°; — Ms. fr. 20850, fol. 31).

Doé.

DOÉ (Nicolas), né à Troyes, fit profession à Saint-Remi de Reims, le 13 juin 1659, à l'âge de 19 ans.

Il mourut, le 23 janvier 1728, au monastère de Saint-Denis. Secrétaire du Général de la congrégation de Saint-Maur, il paraît avoir dressé le catalogue alphabétique des livres de la bibliothèque du président Séguier qu'il donna en 1710 à la bibliothèque de Saint-Germain-des-Prés et qui est maintenant conservé sous le n° 11868 des mss. lat.

(Matricule, n° 1901 ; — Ms. lat. 11868).

Dubout (Nicolas), né à Saint-Valery, diocèse d'Amiens, fit profession à Saint-Remi de Reims, le 24 octobre 1673, à l'âge de 20 ans. Après avoir été religieux aux Blancs-Manteaux, il fut nommé prieur d'Orbais le 14 juin 1699. Ce fut pendant son séjour dans ce monastère qu'il amassa les matériaux de son ouvrage intitulé : *Recueil de quelques actes, bulles, chartres, extraits, pièces, titres pour servir à l'histoire de l'abbaye de Saint-Pierre d'Orbais en Brie.* Ce travail, qui est considérable et dont le ms. est aux archives de l'évêché de Châlons, a été publié en partie par M. Louis Courajod dans un journal d'Épernay. Dom Dubout mourut, le 16 mai 1706, à Saint-Remi de Reims. Dubout.

(Matricule, n° 2938).

Duc (Elie-Placide le), né à Rouessé, diocèse du Mans, fit profession à Saint-Serge d'Angers, le 20 mai 1658, à l'âge de 17 ans. Il mourut, le 12 septembre 1707, au monastère de Saint-Clément de Craon. Il a composé une histoire de l'abbaye de Quimperlé, dont il y a des fragments dans le ms. fr. 22358, fol. 15. *L'histoire de l'abbaye de Sainte-Croix de Quimperlé*, par Dom le Duc, a été publiée en 1863, par M. Le Men, en un vol. in-8°. Duc.

(Matricule, n° 1883 ; — Ms. fr. 22358 ; — Port, *Dictionnaire historique, géographique et biographique du Maine-et-Loire*, t. II, p. 482).

Ducasse (Pierre-Barnabé), né à Boulogne-sur-Gesse, Ducassé.

diocèse de Cominges, fit profession à Saint-Louis de Toulouse, le 29 juin 1624, à l'âge de 20 ans. Il mourut, le 24 avril 1677, à Sorèze. Il est l'auteur d'une histoire de Nouaillé, qui est dans le ms. lat. 12688, fol. 305.

(Matricule, n° 165; — Ms. lat. 12688, fol. 305.)

Ducler. DUCLER (François), né à Compiègne, fit profession à Saint-Faron de Meaux, le 12 septembre 1682, à l'âge de 18 ans. Il a dressé un inventaire des chartes de Saint-Faron, conservé aux archives de Seine-et-Marne sous la cote H. 188. Le lieu et la date de sa mort sont inconnus.

(Matricule, n° 3307; — Lemaire, *Inventaire sommaire des archives départementales de Seine-et-Marne antérieures à 1790*, t. II, série p. 52).

Ducrot. DUCROT (Léonard), né à Vantilli, diocèse d'Autun, fit profession à Vendôme, le 2 avril 1718, à l'âge de 18 ans. Chargé de l'enseignement de la philosophie à Saint-Denis, à Saint-Nicaise de Reims, de la théologie à Saint-Remi de Reims, en 1733 et 1734, etc., il a laissé: *Tractatus de sanctissima Trinitate*, ms. lat. 12357. Il mourut à Saint-Germain-des-Prés, le 25 août 1740.

(Matricule, n° 5439; — Ms. lat. 12357; — Ms. fr. 16861, *Nécrologe de Saint-Germain-des-Prés*, fol. 187).

Dujardin. DUJARDIN (Charles), né à Rouen, fit profession à Lyre, le 5 août 1676, à l'âge de 19 ans. Il mourut, le 14 juin 1733, à la Trinité de Fécamp. Il a donné au *Monasticon benedictinum*: 1° *Abrégé de l'histoire de l'abbaye de Saint-Père de Chartres, 1709*, ms. lat. 12689, fol. 302; — 2° *Remarques sur la fondation de l'abbaïe de Saint-Chéron-lès-Chartres, 1709*, ibid. fol. 311.

(Matricule, n° 3044; — Ms. lat. 12689, fol. 302 et 311).

Dumas. DUMAS (Gaspard), né à Arles, fit profession à la Daurade, le 30 mars 1682, à l'âge de 22 ans. Il mourut au monastère de Saint-Sever en Gascogne, le 30 mars 1723. Il a fourni au *Monasticon benedictinum : Abrégé chronologique de l'histoire du prieuré de Sainte-Livrade d'Agenois*, etc., 1711, ms. lat. 12678, fol. 222.

(Matricule, n° 3381 ; — Ms. lat. 12678, fol. 222).

Dumas (Jean-Laurent), né à Lubersac, diocèse de Limoges, fit profession à Saint-Augustin, le 15 août 1628, à l'âge de 19 ans. Il mourut, le 8 mai 1678, à Solignac. Il a fourni au *Monasticon benedictinum : Abrégé des choses plus remarquables arrivées ou qui se rencontrent au monastère de Solemnac depuis la fondation d'iceluy*, 1668, ms. lat. 12697, fol. 137. Dumas.

(Matricule, n° 307 ; — Ms. lat. 12697, fol. 137).

Durand (Nicolas), né à Saint-Aubin-des-Coudrais, diocèse du Mans, fit profession à Saint-Faron de Meaux, le 31 juillet 1681, à l'âge de 28 ans. Il mourut, le 19 novembre 1704, à Marmoutier. Il figure dans le *Catalogue des auteurs manceaux revu et augmenté* par Dom Liron, mais je ne sais à quel titre, car je ne connais aucun ouvrage de lui. Durand.

(Matricule, n° 3288 ; — Ms. fr. 1705, *Catalogue des auteurs manceaux revu et augmenté*, par Dom Liron, fol. 28 v°).

Duval (Alexandre), né à Blois, fit profession à Vendôme, le 9 juillet 1662, à l'âge de 19 ans. Il mourut, le 24 octobre 1705, à Corbie. Il a fourni au *Monasticon benedictinum : Historiæ regalis abbatiæ Sancti Carilefi Anisolensis compendium*, ms. lat. 12664, fol. 49. Duval.

(Matricule, n° 2077 ; — Ms. lat. 12664, fol. 49).

Espagnol (Lambert-Thomas l'), *alias* l'Espagnol, né à Reims, fit profession à Saint-Faron de Meaux, le 26 décembre 1639, à l'âge de 19 ans. Il a composé : *La vie, les vertus et les miracles de Saint-Seine, fondateur et premier* Espagnol.

abbé du monastère anciennement appellée (sic) *Notre-Dame de la vallée de Sestre en Bourgogne et maintenant Saint-Seine, où il est fait une description de la source du fleuve de la Seine qui est dans les limites de son territoire, ensemble divers degrés d'honneurs que Dieu a procuré en terre à ce saint*, ms. fr. 19560. Il mourut à Orbais, le 10 septembre 1660.

(Matricule, n° 988; — Ms. fr. 19560).

Eymo

EYME (Étienne-Richard), né à Arles, fit profession à Saint-Melaine de Rennes, le 11 mai 1757, à l'âge de 19 ans. Le lieu et la date de sa mort, arrivée après 1767, me sont inconnus. Il « transcrivit avec la plus minutieuse exactitude plusieurs centaines de chartes d'après les originaux conservés à Marmoutier. »

(Matricule, n° 7562; — L. Delisle, *Le Cabinet des manuscrits de la Bibliothèque nationale*, t. I, p. 564).

Fabre.

FABRE (Louis)*. Outre les ouvrages que Dom Tassin a mentionnés dans l'*Histoire littéraire de la congrégation de Saint-Maur*, Dom Fabre est l'auteur d'un recueil intitulé : *Epitaphes et inscriptions qui se trouvent dans la ville et dans le diocèse d'Orléans*, ms. 461 de la bibliothèque d'Orléans. Il a aussi collaboré avec Dom Gérou, Perdoulx de la Perrière, Polluche, Jousse Poullain, Beauvais, etc., à la *Bibliothèque des auteurs et écrivains des ville, duché et diocèse d'Orléans*. En 1777 il fit imprimer le catalogue des livres de la bibliothèque d'Orléans, « enrichi, dit Septier, de notes savantes qui lui ont mérité la reconnoissance de tous ceux qui cultivent les sciences, et l'honneur d'être cité parmi les premiers bibliographes de son siècle. » Dom Fabre mourut à Orléans, le 11 février 1788.

(Septier, *Manuscrits de la bibliothèque d'Orléans*, p. 27, 244, 246, et 286).

Faye.

FAYE (André-Joseph), né à Solignac, fit profession à Saint-Melaine de Rennes, le 31 août 1672, à l'âge de 21 ans.

Il mourut, le 15 octobre 1699, au monastère de Beaulieu. Il a composé : *Le moyen de vivre content*, ms. fr. 19322.

(Matricule, n° 2988 ; — Ms. fr. 19322).

Ferlus (François), né à Castelnaudary, fit profession à la Daurade, le 23 décembre 1765, à l'âge de 30 ans. D'après la *Biographie Didot*, il serait né en mai 1748 et entré dans la congrégation de Saint-Maur en 1764 ; d'après la *France littéraire*, il faudrait reporter sa naissance jusqu'en 1742. Après la Révolution, il acquit le collège de Sorèze, où il mourut le 11 juin 1812. Il était correspondant de l'Académie des sciences morales et politiques. Ses ouvrages sont indiqués dans la *Biographie Didot ;* les suivants seulement sont antérieurs à la dispersion de la congrégation de Saint-Maur : 1° *Le patriotisme chrétien*, discours prononcé aux États de Languedoc en 1787 ; Montpellier, 1787, in-8 ; — 2° *La cour du collège*, Montpellier, 1787, in-8°. Ferlus

(Matricule, n° 7889 ; — *Nouvelle biographie générale*, t. XVII, col. 435-436, au mot Ferlus ; — Quérard, *la France littéraire*, t. III, p. 107).

Fermal (Charles-Louis), nommé aussi Fermat dans les matricules de la congrégation de Saint-Maur, était originaire de Pléboulle, diocèse de Saint-Brieuc. Il fit profession à Saint-Melaine de Rennes, le 20 avril 1721, à l'âge de 20 ans. En 1752, il enseignait à Saint-Florent de Saumur ; c'est alors qu'il fit un *Traité de physique*, qui est conservé à la bibliothèque de Tours sous le n° 782 des mss. Il était de nouveau religieux à Saint-Melaine en 1766. Le lieu et la date de la mort de Dom Fermal sont inconnus. Fermal.

(Matricule, n° 5592 ; — Ms. fr. 15785, fol. 41 ; — Dorange, *Catalogue des manuscrits de la bibliothèque de Tours*, p. 368).

Ferret (François), né à Mazières, diocèse de Poitiers, fit Ferret.

profession à Vendôme, le 28 janvier 1669, à l'âge de 23 ans. Il mourut, le 25 décembre 1721, au monastère de Saint-Jean-d'Angély. Il a collaboré à l'édition des œuvres de saint Hilaire de Poitiers. Son travail intitulé : *Collatio operum S. Hilarii episcopi Pictaviensis editorum per Gillotum apud Nivellium Parisiis 1572 cum manuscripta membrana monasterii Sylvæ Majoris, vulgo la Seauve*, 1684, est dans le ms. lat. 11622, fol. 195.

(Matricule, n° 2603 ; — Ms. lat. 11622, fol. 195).

100 Foullon. Foullon (Pierre), né à Prez-en-Pail, diocèse du Mans, fit profession à Bourgueil, le 9 mai 1672, à l'âge de 19 ans. Il mourut, le 22 février 1704, à Redon. Il figure dans le *Catalogue des auteurs manceaux revu et augmenté*, par Dom Liron. A ce titre, je lui donne une place parmi les écrivains de la congrégation de Saint-Maur, bien que je ne connaisse aucun ouvrage de lui.

(Matricule, n° 2868 ; — Ms. fr. 17005, *Catalogue des auteurs manceaux revu et augmenté*, par Dom Liron, fol. 28 v°).

Foulon. Foulon (Marie-Nicolas), naquit à Marcilly-sur-Saône, le 4 mars 1742, selon la *Biographie universelle*, et en 1740, d'après un état de l'âge des Bénédictins dressé le 16 avril 1790. Il fit profession, le 10 décembre 1759, à Vendôme. Ses principaux ouvrages sont : 1° une *Vie de saint Robert, abbé de Molesme, instituteur de l'ordre de Cîteaux, avec un office propre pour le jour et l'octave de sa fête*, Troyes, 1776, in-8° ; — 2° *Prières en forme d'office ecclésiastique pour demander à Dieu la conversion des Juifs et le renouvellement de l'Eglise*, (publiées par Dom Poisson, qui y a ajouté une préface), Orléans, 1778, in-12°. Il fut chargé de rédiger le nouveau bréviaire de la congrégation de Saint-Maur, qui parut en 1787, en 4 volumes. Il résidait alors aux Blancs-Manteaux, où il avait sans doute été attiré par Dom Clément, son parent. Ces deux derniers ouvrages de Dom Foulon se distinguent par un jansénisme outré. L'abbé Grégoire lui attribue encore un traité inédit en faveur du mariage des prêtres; enfin il fit paraître en 1801, une *Histoire élémentaire, philosophique et politique de l'ancienne Grèce*, 2 vol. in-8°. Dom Foulon eut une vie extrêmement orageuse; on peut en voir les détails dans la *Biographie universelle*. Il n'attendit pas que la Révolution le chassât de son monastère. S'étant retiré à Montmorency, il y contracta une union provisoire d'abord, définitive ensuite, avec Marie-Louise-Françoise Marotte du Coudray qui lui donna plusieurs enfants. Huissier au Conseil des Cinq-Cents, puis au Tribunat et enfin au Sénat. Foulon mourut le 18 juillet 1813.

(Matricule, n° 7676; — Ms. fr. 20850, fol. 81 v°; — *Biographie universelle*, Supplément, t., LXIV p. 355-357, au mot FOULON; — Quérard, *la France littéraire*, t. III, p. 176).

FOUQUET (Maur)*. *Réflexions sur la censure de la gnomonique par le calcul et par la géométrie*, ms. lat. 11863, fol. 188. Fouquet.

FOUQUIER (Antoine-François), né à Saint-Quentin, fit profession à Saint-Lucien de Beauvais, le 4 juillet 1728, à l'âge de 26 ans. Le lieu et la date de sa mort me sont inconnus. Religieux à Saint-Denis, en 1736, et en 1738 à Saint-Lucien de Beauvais, où il enseignait probablement la théologie, il a laissé : *Tractatus de augustissimo Eucharistiæ sacramento*, ms. lat. 12350. Fouquier.

(Matricule, n° 5794; — Ms. lat. 12350).

FOURMAULT (Philippe-François-Emmanuel), appelé à tort FOURNAULT, par l'auteur de la *Biographie saintongeaise* qui lui a consacré une notice, naquit à Arras et fit profession à Saint-Faron de Meaux, le 21 août 1746, à l'âge de 19 ans. Il fut religieux à Saint-Jean-d'Angély. Botaniste habile, il a fait insérer dans le t. IV du *Dictionnaire rai-* Fourmault.

sonné universel des plantes, de Buchoz, p. 238 et suiv., une liste intitulée : *Plantes observées sur la route de Souillac à Saint-Jean-d'Angély* ; une autre relative aux plantes d'Auvergne et une troisième relative aux plantes des environs de Souillac en Quercy, et de Beaulieu en Limousin. Pendant la Révolution, il fut chargé de faire des plantations de pin maritime dans les sables de la Teste, mais il mourut bientôt à la tâche, à une date que nous ne pouvons pas déterminer.

(Matricule, n° 6978 ; — Raingnet, *Biographie saintongeaise*, p. 245 et 248; — *Revue d'Anjou*, t. I, 2e partie, p. 51 et suiv.).

Fournereau. FOURNEREAU (Michel-Alexandre), né à Vendôme, fit profession à Saint-Melaine, le 12 juillet 1662, à l'âge de 22 ans. Il mourut, le 8 février 1684, à Saint-Gildas-au-Bois. Il est l'auteur d'une *Histoire de l'abbaye de Saint-Serge-d'Angers*, citée dans le *Discours historique et critique sur les écrivains de l'histoire d'Anjou*, par Pierre Rangeard

(Matricule, n° 509 ; — *Revue de l'Anjou*, t. I, 2e partie, p. XIX).

Fumel. FUMEL (Gérard), *alias* FAMEL et FIMET, né à Plo, diocèse de Clermont, fit profession à la Daurade, le 17 avril 1659, à l'âge de 26 ans. Il mourut à Aniane, le 9 novembre 1684. On a de lui dans le *Monasticon benedictinum : Recueil de la fondation et suite de l'histoire de l'abbaye de Brantôme*, ms. lat. 12663, fol. 134.

(Matricule, n° 1888 ; — Ms. lat. 12663, fol. 134).

Gaigneron. GAIGNERON (Yves), né à Beaulieu-les-Loches, diocèse de Tours, fit profession à Saint-Melaine de Rennes, le 24 février 1646, à l'âge de 23 ans. Il mourut, le 20 avril 1686, au monastère de Saint-Florent-le-Vieil. On a de lui : 1° *Histoire de Cormery*, ms. lat. 13901 ; — 2° une *Chronique de l'abbaye de Cormery*, distincte de l'ouvrage précédent et qui forme le n° 1350 des mss. de Tours ; — 3° *Chronicon Bellilocense*, 1685, ms. lat. 12662, fol. 100;

— 4° *Dialogue des perfections divines et des bons et des mauvais anges*, ms. fr. 10815; — 5° *Dialogue sur les perfection divines, les anges, le péché originel*, ms. fr. 19274.

(Matricule, n° 1187; — Mss. lat. 13901, et 12809, fol. 100; — Mss. fr. 10815 et 19274; — Dorange, *Catalogue des manuscrits de la bibliothèque de Tours*, p. 583 et 584).

Galand. GALAND (Jean-Martial), né à Saint-Julien, diocèse de Tulle, fit profession à Bourgueil, le 30 janvier 1724, et mourut à Notre-Dame de Noyers en 1760. On a de lui : *Histoire ou chronique de l'abbaye royale de Saint-Maur de Glanfeuil-sur-Loire*, 1748, ms. fr. 18923; — 2° *Histoire des évêques d'Angers*, ibid, p. 261; — 3° *Chronologie des seigneurs de Craon depuis l'an 987 jusqu'en 1738*, ms. fr. 19863 (publiée par M. Nobilleau). Il nous apprend lui-même, ms. fr. 18923, p. 255, qu'il a composé une histoire de l'abbaye de Beaulieu-les-Loches. Est-ce la notice qui est dans le ms. lat. 12797, fol. 158 v° ?

(Matricule, n° 5767; — Mss. fr. 18923 et 19863)

Gallais. GALLAIS (Jean-Pierre), né à Doué, en Anjou, fit profession, le 20 janvier 1777, à l'âge de 34 ans, d'après une liste des religieux bénédictins dressée le 16 avril 1790; d'après la *Biographie Didot*, il serait né le 18 avril 1756 et mort à Paris, le 26 octobre 1820. Il enseigna la philosophie et composa pendant son séjour dans la congrégation une *Histoire persane*, Paris, 1789, in-8°. On peut voir dans la *Biographie Didot* la liste des nombreux ouvrages qu'il publia par la suite.

(*Nouvelle biographie générale*, t. XIX, col. 286-287, au mot GALLAIS; — Ms. fr. 20850, fol. 23).

Garreau. GARREAU (Jean), né à Cautenay, diocèse d'Angers, fit profession à Saint-Faron de Meaux, le 2 juillet 1698, à l'âge de 18 ans. Il mourut, le 10 octobre 1726, à Saint-Denis. On a de lui : *Dissertation sur le pilier tremblant de*

Saint-Nicaise [*de Reims*], ms. 28 de la collection de Champagne, fol. 32.

(Matricule, n° 1328; — Ms. 28 de la collection de Champagne, fol. 32).

Gennes. GENNES (Jean-Baptiste-Marie DE), né à Vitré, diocèse de Rennes, fit profession dans l'abbaye de Saint-Melaine, le 25 février 1727, à l'âge de 19 ans. Religieux à Saint-Vincent du Mans, en 1766, il devint bibliothécaire de cette abbaye. Il a composé : *Concordantia bibliothecæ abbatiæ regularis S. Vincentii apud Cenomannos, S. Benedicti ord., congreg. S. Mauri et speculum sive systema scientiarum*, etc., en 9 volumes in-folio, qui sont à la bibliothèque du Mans. C'est un système des sciences général et méthodique pour l'arrangement des bibliothèques. Le département des manuscrits de la Bibliothèque nationale en possède un abrégé en 2 vol., in-quarto, sous les n°° 14835 et 14836 du fonds français, intitulé : *Système des sciences*, qui était dans la bibliothèque de M. Ledru. Il a continué une histoire de l'abbaye de Saint-Vincent du Mans. Le lieu et la date de la mort de Dom de Gennes sont inconnus. Il vivait encore le 6 avril 1790, car il figure dans une liste de religieux dressée à cette date par Dom Poirier.

(Matricule n° 5948 ; — Mss. fr. 14835 et 14836 ; — Ms. fr. 15785, p. 6 ; — Ms. fr. 20850, fol. 87 ; — *Catalogi librorum manuscriptorum*, etc., col. 287).

Genoux. GENOUX (Simon)*. *Gallia infulata, benedictinorum natione Gallorum in summos ecclesiæ pontifices, cardinales, patriarchas, archiepiscopos et episcopos assumptorum gesta complectens*, ms. lat. 12738.

Gérard. GÉRARD (Gilbert), né à Donchery, diocèse de Reims, fit profession à Saint-Remi, le 6 mai 1649, à l'âge de 20 ans. Il mourut, le 15 juin 1690, à Cormery. Le *Monas-*

ticon benedictinum contient de lui : *Historiæ incliti monasterii Sti Pauli Cormaricensis compendium*, ms. lat 12665, fol. 252. En 1690, le 2 février, Dom Gérard écrivait à Michel Germain qu'il avait envoyé autrefois à Paris un abrégé de l'histoire de Noyers, intitulé : *Thesaurus Nuchariensis abbreviatus, seu brevis historia Nuchariensis monasterii*, apologétique pour les anneaux de la Vierge et un plan scénographique du même monastère. M. Delisle croit que c'est le travail qui est dans le ms. lat. 12681, fol. 110, sous ce titre : *De origine, fundatione et progressu egregii monasterii Beatæ Mariæ de Nuchario, multarumque ecclesiarum ac nobilium familiarum ejusdem pagi brevis narratio, cum sermone apologetico pro annulis beatæ Mariæ Virginis*.

(Matricule, n° 1298 ; — Ms. lat. 12665, fol. 252 ; — L. Delisle, Préface du *Monasticon gallicanum*, p. XVIII).

Gérard. Gérard (Jean), né à Donchery, diocèse de Reims, fit profession à Saint-Remi, le 29 avril 1647, à l'âge de 20 ans, et mourut, le 17 novembre 1708, à Corbie. On a de lui dans le *Monasticon benedictinum* l'histoire de l'abbaye de Chézy (1670), ms. lat. 12664, fol. 140 et 149. Il est également l'auteur d'une histoire de Ribemont qui est incomplète dans le ms. lat. 12688, p. 275.

(Matricule, n° 1223 ; — Ms lat. 12664, fol. 140 et 149 ; — Ms. lat. 12688, p. 275).

Geslu. Geslu (Louis), né à la Fère-en-Tardenois, ancien diocèse de Soissons, fit profession à Saint-Faron de Meaux, le 10 février 1691, à l'âge de 19 ans. La date et le lieu de sa mort sont inconnus. Il est l'auteur d'un Bréviaire et d'un Missel pour la congrégation de Saint-Maur, qui forment les mss. lat. 11581-11586. Les deux derniers volumes sont consacrés aux corrections. Il paraît aussi être l'auteur d'un ouvrage intitulé : *Dessein d'un nouvel office fait à l'usage de l'ordre de S. Benoît*, ms. fr. 19633.

(Matricule, n° 3905; — Mss. lat. 11581-11580; — Ms. fr. 19633).

Gillesson.

Gillesson (Henri-Bonaventure) a été sans contredit un des religieux les plus actifs et les plus laborieux de la congrégation de Saint-Maur. Aussi a-t-on le droit d'être étonné que Dom Tassin ne lui ait même pas consacré une simple mention dans son *Histoire littéraire*. Cela tient peut-être à ce que ses travaux sont restés inédits. Né à Courboing, diocèse de Soissons, Dom Gillesson fit profession à Saint-Remi de Reims, le 15 juillet 1632, à l'âge de 23 ans. Il devint plus tard religieux de l'abbaye de Saint-Crépin-le-Grand et s'adonna de préférence à l'histoire de l'ancien diocèse de Soissons. Parmi ceux de ses ouvrages qui sont parvenus jusqu'à nous, il convient de signaler : 1° *Recherches sur les antiquités de la ville de Compiègne*, 1664, en 5 volumes in-fol. qui forment les mss. 24063-24067 du fonds français; — 2° *Mémorial des antiquités de Soissons*, 1662, en 5 volumes qui forment les mss. 18769-18773 du fonds français; — 3° *Mélanges historiques sur la ville de Soissons*, ms. fr. 18774; — 4° *Livre premier des annales de la très-noble et ancienne ville et cité de Soissons*, ms. fr. 11672, qui devrait être le t. 23 de la collection de Picardie; — 5° *Histoire de Notre-Dame et de Saint-Jean-des-Vignes de Soissons*, ms. fr. 18775; — 6° *Mémoires touchant la ville de Compiègne*, mss. fr. 19841-19842; — 7° *Antiquités de la ville de Compiègne*, ms. fr. 18764; — 8° *Antiquités de l'église royale de Compiègne*, ms. fr. 18765; — 9° *Histoire du très-ancien monastaire de Saint-Crespin-le-Grand-lez-Soissons*, ms. lat. 12777, p. 833; — 10° *Mémoires sur Noyon, Compiègne, Beauvais, Soissons, Senlis, Crespi et Château-Thierry*, n° 48 de la collection de Picardie; — 11° *Mémoire sur Saint-Etienne de Choisy et sur Saint-Jean-aux-Bois*, n° 21 de la collection de Picardie; —

12° *Abrégé chronologique de l'histoire de France depuis la première origine de la monarchie jusqu'en 1666*, ms. fr. 19569; — 13° *Collection de spiritualités, envoyées au R. P. Général en 1664*, ms. fr. 19342; — 14° *Recueil de sermons*, mss. fr. 19428-19429; — 15° *Mémoires envoyez au R. P. Général en 1664*, ms. fr. 18762. Dom Gillesson mourut, le 5 octobre 1666, au monastère de Saint-Crépin.

(Matricule, n° 510; — Mss. fr. 11679; 18672-18704; 18769-18775; 19349; 19428-19429; 19569; 19841-19849; 24069-24067; — Ms. lat. 12777; — N°s 21 et 48 de la collection de Picardie).

GILLOT (René), né à Bar-le-Duc, le 1er janvier 1710, fit profession à Saint-Faron de Meaux, le 31 janvier 1735. Il mourut, le 13 décembre 1787, après avoir été supérieur général de la congrégation de 1772 à 1778. Il collabora avec Dom Hervin et Dom Bourotte à la collection des Conciles de France. Gillot.

(Matricule, n° 6370; — Ms. fr. 16861, *Nécrologe de Saint-Germain-des-Prés*, p. 198-200).

GINGATZ (Pierre), né à Rennes, fit profession à Saint-Melaine, le 1er février 1662, à l'âge de 21 ans. Il mourut, le 11 février 1718, à Saint-Vincent du Mans. Il a envoyé à Michel Germain, le 10 janvier 1689, sur le prieuré de Lehon, au diocèse de Saint-Malo, des notes qui sont dans le ms. lat. 12679, fol. 1. Gingatz

(Matricule, n° 2045; — Ms. lat. 12679, fol. 1; — L. Delisle, Préface du *Monasticon gallicanum*, p. XV).

GOUGET (Benoît), *alias* GOUJET, était originaire de Caen. A l'âge de 17 ans, le 30 mars 1718, il fit profession à Jumièges. Le lieu et la date de la mort de ce religieux sont inconnus. Il a composé : *Question politique où l'on examine si les religieux sont utiles à l'Etat*, 1762, in-12. Gouget.
[J']ignore si c'est lui ou Dom Marin-Charles Goujet, né à

Caen, qui fit profession à Jumièges, le 21 octobre 1714, à l'âge de 18 ans, qui est l'auteur de *Mémoires pour Saint-Michel de Tonnerre*, qui sont dans le t. 44, fol. 103-136 de la collection de Champagne, d'une *Généalogie des comtes de Tonnerre* et d'autres documents sur Tonnerre qui sont dans la même collection.

(Matricule, n° 5425; — Quérard, *La France littéraire*, t. III, p. 424, au mot GOUERT).

Grenier.

GRENIER (Pierre-Nicolas). * « Le samedi 2 mai 1789 à onze heures du soir est décédé dans cette abbaye [Saint-Germain-des-Prés] et a été inhumé le lundi 4, Dom Pierre-Nicolas Grenier, prêtre, religieux de cette maison, âgé d'environ 62 ans. Il étoit natif de Corbie et profès de S. Faron de Meaux, où il fit profession au mois de mai 1745, à l'âge de 19 ans. Il se consacra de tout temps à l'étude de notre histoire et fut employé de bonne heure à celle de Picardie à laquelle il n'a pas eu le temps de mettre la dernière main. C'étoit un religieux simple dans ses mœurs et fort laborieux. Il ne fut que huit jours malade et mourut assez promptement. Il est enterré dans le vestibule de la chapelle intérieure de la Vierge près du premier pilier à gauche. On a gravé sur le lieu de sa sépulture ces mots : *Obiit 2 maii 1789.* » Voilà, dans sa simplicité, l'éloge consacré par le *Nécrologe de l'abbaye de Saint-Germain-des-Prés* à un de ses religieux qui, par ses travaux, a fait le plus honneur à la congrégation de Saint-Maur. Chargé de continuer les recherches commencées sur la Picardie par Dom Mongé et Dom Caffiaux, Dom Grenier n'a pas, à la vérité, laissé d'œuvres achevées, qui, comme celles de d'Achery, de Mabillon et de Montfaucon, commandent l'admiration, mais il a laissé un des plus remarquables recueils que nous possédions sur l'histoire d'une province. Il consiste en 279 volumes écrits, en grande partie, de sa main, et forme à la Bibliothèque nationale un fonds qui porte son nom. Un tableau sommaire en a été publié par M. Ch. Dufour, sous le titre de *Pouillé des manuscrits composant la collection de Dom Grenier sur la Picardie à la Bibliothèque du roi*, dans le t. II des *Mémoires de la Société des antiquaires de Picardie*. Il en a été aussi publié un inventaire sommaire dans la *Notice sur des collections manuscrites de la Bibliothèque nationale*. Il me paraît utile de donner, d'après M. Delisle, l'indication des fonds d'archives que Dom Grenier a consultés dans le cours de sa laborieuse carrière. « A Beauvais, l'hôtel de ville, la cathédrale, l'abbaye de Saint-Lucien, celle de Saint-Quentin, et l'Hôtel-Dieu ; les abbayes ou prieurés de Froimont, Lannoy, Beaupré, Breteuil, Saint-Martin-au-Bois, Variville, Saint-Christophe-en-Halate, Saint-Germer et Ressons ; à Amiens, l'hôtel de ville, le bureau des finances, la cathédrale et l'Hôtel-Dieu ; Saint-Fuscien ; l'abbaye et l'Hôtel-Dieu de Corbie ; l'hôtel de ville et la collégiale de Roye ; la baronnie de Picquigny ; à Abbeville, l'hôtel de ville, l'Hôtel-Dieu, le prieuré de Saint-Pierre et la collégiale de Saint-Vulfran ; les abbayes de Saint-Valery, de Bertaucourt, de Saint-Riquier, de Willencourt et de Valoires ; à Montreuil-sur-Mer, l'hôtel de ville, l'Hôtel-Dieu, les abbayes de Saint-Sauve et de Sainte-Austreberte ; l'abbaye de Saint-Josse-sur-Mer ; celles de Samer, de Lisque et d'Andres, dans le diocèse de Boulogne ; à Noyon, l'hôtel de ville, la cathédrale, les abbayes de Saint-Éloi et de Saint-Barthélemi ; la chartreuse de Montrenaud, l'hôtel de ville de Chauny, l'abbaye d'Ourscamp, celle de Notre-Dame de Ham, le château et la collégiale de Nesle, l'hôtel de ville et le chapitre de Saint-Quentin, l'abbaye de Homblières ; à Péronne, l'hôtel de ville, l'Hôtel-Dieu et l'église de Saint-Fursi ; les abbayes de Mont-Saint-Quentin et de Fervaques ; à Laon, l'hôtel de ville, la cathédrale, les abbayes de

Saint-Vincent, de Saint-Jean et de Saint-Martin ; les abbayes du Sauvoir, de Vauclair, de Nogent, de Saint-Nicolas-au-Bois, de Saint-Nicolas-sous-Ribemont et de Thenailles ; à Soissons, l'hôtel de ville, la cathédrale, l'Hôtel-Dieu, les abbayes ou églises de Saint-Médard, Notre-Dame, Saint-Crespin, Saint-Jean-des-Vignes, Saint-Pierre-au-Parvis, Saint-Vast et Saint-Léger ; les abbayes de Saint-Crespin-en-Chaie, Chartreuve, Vauchrétien et Chézy ; à Compiègne, l'hôtel de ville, l'Hôtel-Dieu et l'abbaye de Saint-Corneille ; les prieurés de Choisy-au-Bac et de Royal-Lieu ; les abbayes de Morienval, de Lieu-Restoré et du Parc-aux-Dames ; les prieurés de Saint-Arnoul et de Saint-Thomas de Crépy. » D. Grenier étendit ses recherches au-delà de la Picardie ; il travailla sur les titres de Saint-Denis, de la Capelle, du Mont-Saint-Martin, de Molême et de Saint-Thierri.

(Ms. fr. 16861, *Nécrologe de l'abbaye de Saint-Germain-des-Prés*, p. 204 et 205 ; — L. Delisle, *le Cabinet des manuscrits de la Bibliothèque nationale*, t. I, p. 560 ; t. II, p. 73 ; — *Notice sur des collections manuscrites de la Bibliothèque nationale*, p. 38 et 39 (extrait de la *Bibliothèque de l'École des chartes*, t. XXXII, p. 274-285 ; — *Catalogue des actes de Philippe-Auguste*, p. XLI et XLII).

Gueau de Saint-Ville.

GUEAU DE SAINT-VILLE (Jacques), appelé aussi Jacques SAINCTVILLE, naquit à Chartres. Il fit profession à Vendôme, le 9 mai 1659, à l'âge de 18 ans. On a de lui dans le *Monasticon benedictinum : Histoire de l'abbaye de S. Pierre de Châlon*, ms. lat. 12689, fol. 173. Dom Gueau mourut, le 24 février 1703, à Saint-Médard de Soissons.

(Matricule, n° 1894 ; — Ms. lat. 12689, fol. 173).

Hardouyneau.

HARDOUYNEAU (Jean-Baptiste), né à Vertou, diocèse de Nantes, fit profession à Vendôme, le 2 juin 1662, à l'âge de 19 ans. Il mourut, le 5 juillet 1722, au monastère de Saint-Florent-le-Vieil. Il a donné au *Monasticon benedic-*

tinum l'histoire de Turpenay, depuis 1120 jusqu'en 1681. Cette notice est dans le ms. lat. 12700, fol. 355.

(Matricule, n° 2068 ; — Ms. lat. 12700, fol. 355).

HAREL (Jean), né à Rouen, fit profession à Jumièges, le 1er août 1657, à l'âge de 20 ans. Il mourut, le 18 octobre 1707, au Mont-Saint-Michel. Il a fourni au *Monasticon benedictinum* : *Extrait du 8e livre des choses notables du monastère de Lantenac*, ms. lat. 12680, fol. 358. Harel.

(Matricule, n° 1777 ; — Ms. lat. 12680, fol. 253).

HÉBERT (Louis-Ambroise), né à Rouen, fit profession à Jumièges, le 10 août 1637, à l'âge de 18 ans. Il mourut, le 23 juin 1686, au monastère de Breteuil. On a de lui de nombreux commentaires sur les Écritures et divers autres traités. En voici l'indication : 1° *Commentaria in Evangelia*, ms. lat. 11988 ; — 2° *Commentarius in librum Job ; Commentaire sur Daniel ; Quæstiones de libro actuum apostolorum*, ms. lat. 11987 ; — 3° *Commentaria in sacram Scripturam*, mss. lat. 11989-91 ; — 4° *Cursus theologiæ positivæ triennis*, 1662, ms. lat. 11992 ; — 5° *De Romanorum temporibus dissertatio ; de Christianorum æris dissertatio*, ms. lat. 13718 ; — 6° *Exercitationes hebraïcæ in psalmos Davidicos a 1° ad 12um ; Radices hebraïcæ, partim genuino, partim latino caractere transcriptæ, subjuncta serie derivatorum ; Tentamen lexici hebraïci ; Exercitationes hebraïcæ in versiculos librorum sacrorum hinc inde excerptos ; Postillæ in proverbia Salomonis ; Analyses Sapientiæ Salomonis, quatuor magnorum Prophetarum et librorum novi Testamenti ; De eclipsibus lunæ quæ contigerunt anno natali Christi ; Tabulæ ad chronologiam biblicam*, ms. lat. 11986 ; — 7° *Ex Gaspare Sanctio in Ezechielem excerpta verbaquorum notitia plurimum ad Scripturæ sacræ intelligentiam conferre potest*, ms. lat. 13184 ; — 8° *Idea theologiæ positivæ seu ars brevis facile addiscendi, intelligendi et memoria retinendi totam di-* Hébert.

vinam Scripturam, 1662, ms. lat. 13181; — 9° *Orthodoxæ regulæ breviores ex sanctis Patribus tum græcis, tum latinis excerptæ ad genuinam divinæ Scripturæ intelligentiam assequendam non inutilis*, ms. lat. 13180.

(Matricule, n° 802; — Mss. lat. 11986-11992, 13180-13181, 13184 et 13718).

Henrion. HENRION (Charles), appelé aussi HENRIA ou HENRIAU dans les registres matricules de la congrégation de Saint-Maur, naquit à Reims et fit profession dans l'abbaye Saint-Remi de cette ville, le 12 janvier 1670, à l'âge de 22 ans. Il mourut, le 28 septembre 1719, au monastère de Saint-Basle. On a de lui dans le *Monasticon benedictinum: In historiam monasterii Sancti Vincentii Laudunensis commentarii*, 1679, ms. lat. 12703, fol. 98.

(Matricule, n° 2693; — Ms. lat. 12703, fol. 98).

Housset. HOUSSET (Richard-Tannegui), né à Rouen, fit profession à Lyre, le 25 février 1682, à l'âge de 20 ans. Il mourut, le 2 juillet 1723, à Saint-Etienne de Caen. Religieux à Saint-Ouen en 1715, il collationna les mss. d'Isidore de Séville, qui étaient dans cette abbaye, de même que les mss. du Bec et du Mont-Saint-Michel. Le résultat de ses recherches qu'il envoya à Dom Jacques de la Porte, est dans le ms. lat. 11679, fol. 65-261.

(Matricule, n° 3328; — Ms. lat. 11679, fol. 65-261).

Hubert. HUBERT (Nicolas), né à la Ferté-Bernard, diocèse du Mans, fit profession à Saint-Florent de Saumur, le 26 mai 1676, à l'âge de 20 ans. Il a composé: *Abrégé de l'histoire de l'Eglise, tiré de l'ouvrage de messire Antoine Godeau, évêque de Vence*, 1677, ms. 988 de la bibliothèque de Tours. Ce ms. ne donne, à la vérité, que les initiales de l'auteur, mais comme il était en 1677, le seul bénédictin de Saumur dont le nom commençât par ces initiales, on peut sans crainte de se tromper lui attribuer cet ouvrage. Dom Hubert mourut, le 10 mai 1732, à Saint-Florent.

(Matricule, n° 3830; — Dorange, *Catalogue des manuscrits de la bibliothèque de Tours*, p. 432).

JALABERT (Nicolas), né à Reims en 1700, fit profession à Jumièges, le 22 décembre 1717. Il collabora avec Dom Debare et Dom Pradier à l'*État de la France*, Paris, 1749, 6 vol. in-12. En 1766, il était religieux aux Blancs-Manteaux. On ignore le lieu et l'époque de sa mort. Jalabert.

(Matricule, n° 5127; — Ms. 1096 de la collection Moreau, fol. 90 v° et 180; — Ms. fr. 15785, p. 28).

JAMIN (Nicolas)*, mort à Paris, le 9 février 1782. 1° *Vie d'Anne de Pichery, veuve de M. François Philippe, bourgeois d'Orléans*, ms. 404 de la bibliothèque d'Orléans; — 2° *Mémoire pour servir à l'histoire du chapitre extraordinaire des bénédictins de la congrégation de Saint-Maur, tenu dans l'abbaïe roiale de Saint-Denis en France, le 24 avril 1766*, ms. fr. 15783; — 3° *Apparatus ad res theologicas*, ms. lat. 12386. Jamin.

(Septier, *Catalogue des manuscrits de la bibliothèque d'Orléans*, p. 209; — Ms. fr. 15783 et ms. lat. 12386).

JARNEAU (Pierre-Vincent), *alias* JARNO, né à Vannes, fit profession à Saint-Melaine de Rennes, le 5 janvier 1724, à l'âge de 18 ans. Il mourut, le 16 mars 1748, au monastère de Redon. Il fut un des bénédictins chargés de préparer, dans la seconde moitié du XVIIIe siècle, l'histoire de la Touraine, de l'Anjou et du Maine. On a notamment de lui l'*Académie des protestants à Saumur*, qui est dans le t. XVIII de la collection Housseau et qui a été publiée dans la *Revue d'Anjou*, t. I, p. 343 et suiv. Jarneau.

(Matricule, n° 3704; — L. Delisle, *le Cabinet des manuscrits de la Bibliothèque nationale*, t. II, p. 74; — *Notice sur des collections manuscrites de la Bibliothèque nationale*, p. 50 (extrait de la *Bibliothèque de l'École des chartes*, t. XXXII, p. 286); — *Catalogue des actes de Philippe-Auguste*, p. XLIII).

Jousseaume.

JOUSSEAUME (Jacques), né à Saint-Calais, diocèse du Mans, fit profession à Saint-Faron de Meaux, le 17 décembre 1652, à l'âge de 30 ans. Il mourut, le 27 mars 1704, à Saint-Ouen de Rouen. Il a fourni au *Monasticon benedictinum : Histoire de l'abbaye de la Chaume*, 1688, ms. lat. 12664, fol. 4.

(Matricule, n° 1457; — Ms. lat. 12664, fol. 4).

Jouvelin.

JOUVELIN (Jacques), né à Dreux, diocèse de Chartres, fit profession, le 18 mai 1690, à l'âge de 19 ans, à l'abbaye de Lyre. Devenu sans doute plus tard religieux du Bec, il composa sur cette abbaye un recueil qui forme le ms. lat. 13095. Il est aussi l'auteur de *Mémoires pour Saint-Pierre-sur-Dive, ou N.-D. de l'Epinay*, qui sont dans le ms. fr. 18952, fol. 50. Il mourut à Saint-Cyprien de Poitiers, le 17 novembre 1713.

(Matricule, n° 3872; — Ms. lat. 13095; — Ms. fr. 18952, fol. 50).

Laceron.

LACERON (Pierre-Jean), né à Rennes et profès à Saint-Melaine, le 5 novembre 1757, à l'âge de 18 ans. Religieux à la Couture du Mans, en 1788. Il était « historiographe de l'appanage de Monsieur, frère du Roi » et travaillait depuis plusieurs années à une histoire du Maine.

(Matricule, n° 7581; — Ms. 354 de la collection Moreau, p. 256 et 257, et p. 302 et 303).

Lafaye.

LAFAYE (Joachim DE), né à Auxerre, fit profession à Saint-Remi de Reims, le 6 juillet 1650, à l'âge de 20 ans. Il mourut, le 30 juillet 1708, à Saint-Seine. On a de lui : *Recueil de quelques abus de la Congrégation de Saint-Maur, représentés aux supérieurs d'icelle assemblés à Saint-Benoît de Fleury, pour la tenue de leur chapitre général*, 1678, ms. 998 de la bibliothèque de Tours.

(Matricule, n° 1848 ; — Dorange, *Catalogue des manuscrits de la bibliothèque de Tours*, p. 431).

LAISNÉ (Jacques), appelé aussi LAYNES dans le *Catalogue des manuscrits de la bibliothèque de Tours*, était originaire de Rennes. Il fit profession à Vendôme, le 1er septembre 1674, à l'âge de 18 ans. Il mourut, le 3 avril 1728, à Saint-Vincent du Mans. Il a composé : *Traité de l'oraison mentale*, ms. 538 de la bibliothèque de Tours. Laisné.

(Matricule, n° 2985 ; — Dorange, *Catalogue des manuscrits de la bibliothèque de Tours*, p. 278).

LAMARTINIÈRE (Jean DE), né à Angoulême, le 29 avril 1726, fit profession à Saint-Faron de Meaux, le 30 novembre 1746. Il mourut, le 26 octobre 1790, à Marmoutier. On a de lui un ouvrage intitulé : *Les mœurs de la jeunesse*, qui porte le n° 547 des mss. de la bibliothèque de Tours. Lamartinière.

(Matricule, n° 7001 ; — Dorange, *Catalogue des manuscrits de la bibliothèque de Tours*, p. 283).

LAMBELINOT (Nicolas), né, le 21 février 1722, à Fays-Billot, au diocèse de Langres, fit profession à Vendôme, le 31 juillet 1739. Forcé de quitter Saint-Germain-des-Prés, en 1790, il se réfugia d'abord à Langres, puis à Chaumont, où il mourut, le 3 février 1802, léguant aux pauvres son petit mobilier. Il était peu riche lui-même, puisque, pour vivre, il avait été obligé de vendre sa bibliothèque et ses manuscrits. On a de lui : 1° *Examen critique des Recherches historiques sur l'esprit primitif et sur les anciens collèges de l'Ordre de S. Benoît, d'où résultent les droits de la société sur les biens qu'il possède*, Paris, 1788, in-8° ; — 2° Six volumes in-fol. mss. sur les conciles, avec ce titre : *Notices historiques de tous les Conciles. Ouvrage composé d'après l'étude des monuments les plus propres à donner une connaissance exacte des faits relatifs à l'histoire de l'Eglise, du droit canon et des mœurs de tous les* Lambelinot.

temps, etc. ; — 3° *Du renouvellement des mœurs et des sciences dans la nation. Idée d'un plan de réforme utile à l'Eglise et à l'Etat*, ms. ; — 4° *Un mémoire présenté aux ministres du roi*, ms. ; analyse de l'ouvrage précédent ; — 5° *Recueil de mots en forme de dictionnaire*. Dom Lambelinot a donné plusieurs articles à l'*Art de vérifier les dates*.

(Matricule, n° 6602 ; — *Annuaire du département de la Haute-Marne pour l'an 1811*, p. 220 ; — Quérard, *la France littéraire*, t. IV, p. 480, au mot LAMBELINOT).

Lambert. LAMBERT (René), né à Nogent-le-Rotrou, diocèse de Chartres, fit profession à Lyre, le 7 octobre 1609, à l'âge de 22 ans. Religieux à Bonneval vers 1615, il continua l'histoire de cette abbaye commencée par Dom Jean Thiroux. Le travail de ces deux bénédictins, conservé à la bibliothèque de Chartres sous le n° 658 des mss., est en cours de publication, sous ce titre : *Histoire de l'abbaye de Saint Florentin de Bonneval, des R. R. P. P. Dom Jean Thiroux et Dom Lambert, continuée par l'abbé Beaupère et M. Lejeune*, publiée sous les auspices de la Société dunoise, par le docteur V. Bigot. Introduction, Châteaudun, Lecesne, 1875, in-8°. La date de la mort de Dom Lambert m'est inconnue.

(Matricule, n° 4405).

Lamy. LAMY (Jean-Robert), né à Paris, fit profession à Saint-Faron de Meaux, le 16 octobre 1744, à l'âge de 16 ans. Il mourut, le 9 octobre 1762, au monastère des Blancs-Manteaux à Paris. Il avait entrepris une nouvelle édition de tous les ouvrages d'Hincmar, archevêque de Reims, et il travaillait avec Dom Clément au tome XII de l'*Histoire littéraire*, lorsqu'il fut surpris par la mort. J'ignore si c'est lui ou Dom Louis LAMY, né à Champagne (?) (*Campiniæ*), diocèse de Poitiers, profès à Saint-Vincent du Mans, le 25 juin 1751, à l'âge de 19 ans, ou

Dom Jean-Marie-Félix LAMI, né à Rennes, profès à Saint-Melaine, le 1er mai 1761, à l'âge de 17 ans, qui est l'auteur d'un *Mémoire sur le chancelier Guérin, évêque de Senlis, et chancelier sous Philippe-Auguste*, qui est dans la collection Grenier, t. V. p. 1.

(Matricule, n° 6881 ; — Ms. 1066 de la collection Moreau, fol. 101 v° et 188).

LANCELOT (Jean-Charles), né à Vesoul, fit profession à Saint-Allyre de Clermont, le 3 octobre 1733, à l'âge de 19 ans. Il enseigna plus tard les langues orientales à l'abbaye de Saint-Emmeran de Ratisbonne. En 1778, il était à Saint-Denis. Le lieu et la date de sa naissance me sont inconnus. On a de lui une traduction du *Traité du sublime* de Longin, Ratisbonne, J.-M. Englerth, 1755, in-8°. Lancelot.

(Matricule, n° 6295 ; — Quérard, *la France littéraire*, t. IV, col. 518, au mot LANCELOT).

LAURENS (Pierre), né à Ally, diocèse de Clermont, fit profession à Saint-Allyre, le 15 octobre 1650, à l'âge de 21 ans. Il y mourut le 6 avril 1706. Il a composé : 1° *Abrégé de l'histoire de l'abbaye de St-Allyre-les-Clermont*, 1675, ms. lat. 12686, fol. 51 ; — 2° *Abrégé de l'histoire du monastère de St-Pourçain*, ms. lat. 12691, fol. 284. Laurens.

Matricule, n° 1969 ; — Ms. lat. 12686, fol. 51 ; — Ms. lat. 12691, fol. 284).

LAURENT (François), *alias* LAURENS et LORENT, né à Bourganeuf, diocèse de Limoges, fit profession à Saint-Augustin de Limoges, le 18 octobre 1642, à l'âge de 17 ans, et mourut, le 29 septembre 1688, au monastère de Mauriac. Il a fourni au *Monasticon benedictinum : Histoire du monastère de St-Pierre de Mauriac*, ms. lat. 12683, fol. 159. Laurent.

(Matricule, n° 1048 ; — Ms. lat. 12683, fol. 159).

Laurent.

LAURENT (Pierre-Philippe), né à Saint-Jean-Baptiste de Bailleul, diocèse d'Arras, fit profession à Vendôme, le 4 octobre 1696, à l'âge de 21 ans. Il mourut, le 23 octobre 1731, à Saint-Bénigne de Dijon. On a de lui des notes et des extraits sur l'abbaye de Molesme dans le ms. lat. 12880, fol. 442.

(Matricule, n° 4210 ; — Ms. lat. 12880, fol. 442).

Lavie.

LAVIE (Blaise-Joseph), né à Paris, fit profession à Saint-Faron de Meaux, le 21 juin 1748, à l'âge de 18 ans. Le lieu et la date de sa mort me sont inconnus ; il vivait encore le 16 avril 1790. On a de lui : 1° *Conférences sur l'état religieux*, n° 12 des mss. de la bibliothèque de Meaux ; — 2° *Recueil de discours pour vêtures et professions et autres sujets de morale*, de 1756 à 1780 ; n°s 19-20 des mss. de la bibliothèque de Meaux.

(Matricule, n° 7072 ; — Ms. fr. 20830, fol. 88 ; — Notes particulières sur les mss. de Meaux).

Leauté.

LEAUTÉ (Antoine), né à Dijon, fit profession à Vendôme, le 16 novembre 1701, à l'âge de 19 ans. On a de lui : *Lettre à M. F., au sujet de l'écrit intitulé : Nouvelles observations sur les convulsions*, (19 décembre 1633), in-4°. Il est aussi l'auteur d'une autre lettre à l'abbé d'Asfeld sur le diacre Paris. Le lieu et la date de la mort de Dom Leauté me sont inconnus.

(Matricule, n° 4536).

Lefort.

LEFORT (Étienne-Antoine), né à Manneville, diocèse de Rouen, fit profession à Jumièges, le 10 janvier 1625, à l'âge de 24 ans, et mourut, le 15 avril 1672, au Bec. On a de lui un recueil de documents et de notes historiques sur Corbie dans le ms. lat. 12777, p. 751.

(Matricule, n° 176 ; — Ms. lat. 12777, p. 751).

Lenoir.

Lenoir (Jacques-Louis), né à Alençon, fit profession à Saint-Evroul, le 13 décembre 1741, à l'âge de 21 ans. Il mourut à Saint-Germain-des-Prés, le 18 mars 1792. « Il consacra, dit M. Delisle, près de trente années d'un travail opiniâtre à recueillir les éléments d'une portion de l'histoire de Normandie. Il copia à la Chambre des comptes la plupart des pièces qui devaient constituer un ouvrage en 25 volumes in-folio, dont le prospectus seul a paru » sous le titre de *Collection chronologique des actes et des titres de Normandie*, Paris, 1788, in-8°. Il mit surtout à contribution les abbayes de Saint-Ouen de Rouen, de Fécamp, de Saint-Georges, de Jumièges, de Saint-Wandrille et de Lyre. La Bibliothèque nationale possède un certain nombre des documents recueillis par lui ; ils sont épars dans les 284 premiers volumes de la collection Moreau et dans le n° 341 de la même collection. Ses lettres sont dans le n° suivant, fol. 89-133. En 1760, il publia un *Mémoire relatif au projet d'une histoire générale de la province de Normandie* ; en 1790, *la Normandie anciennement pays d'Etats*, in-12. Ses papiers appartiennent aujourd'hui à la famille de Mathan.

(Matricule, n° 6724 ; — Ms. fr. 16861, *Nécrologe de Saint-Germain-des-Prés*, p. 206-208 ; — *Bulletin de la Société de l'histoire de France*, t. II, 2e partie, p. 253 ; — L. Delisle, *le Cabinet des manuscrits de la Bibliothèque nationale*, t. I, p. 559 ; t. II, p. 71-73 ; — *Catalogue des actes de Philippe-Auguste*, p. XL-XLI).

Lescuyer

Lescuyer (Louis), né à Beauvais, fit profession à Saint-Remi de Reims, le 5 décembre 1668, à l'âge de 19 ans. Il mourut à Corbie, le 25 juillet 1712. On a de lui : *Monasterii S. Nicolai de Vedogio historica epitome*, ms. lat. 12688, fol. 78, et 11818, fol. 325.

(Matricule, n° 2197 ; — Mss. lat. 12688, fol. 78, et 11818, fol. 325).

Lescuyer.

Lescuyer (Lucien-François), né à Beauvais, fit profession à Crespy, le 24 février 1633, à l'âge de 18 ans. Il mourut, le 19 janvier 1673, au monastère de Ferrière. On a de lui : 1° *Lexicon utriusque juris*, ms. lat. 13090 ; — 2° *Traité de l'amour des ennemis*, ms. fr. 19421.

(Matricule, n° 547 ; — Ms. lat. 13090 ; — Ms. fr. 19421).

Leveaux. LEVEAUX (Martin-Joseph), né à Mallincourt, diocèse de Cambrai, fit profession à Jumièges, le 2 octobre 1765, à l'âge de 19 ans. Le lieu et la date de sa mort me sont inconnus. On sait seulement qu'il vivait encore le 16 avril 1790. Il fut un des collaborateurs au *Gallia christiana*.

(Matricule, n° 7884 ; — Ms. fr. 20850, fol. 25 ; — *Nouvelle biographie générale*, t. XXXI, col. 182, au mot LIÈBLE).

Liabœuf. LIABŒUF (André), né au Puy, fit profession à la Daurade, à l'âge de 17 ans, le 23 décembre 1642. Prieur de Saint-Maixent, il mourut dans ce monastère, le 1er juillet 1677. On a de lui : 1° *Des auteurs, antiquité et autorité de la vie de Saint-Maixent, de l'ancienne chronique et du cartulaire de l'abbaye de ce nom*, ms. n° 133 de la bibliothèque de Poitiers ; — 2° *Histoire de l'abbaye de Saint-Maixent*, t. XXXVI de la 2e collection de Dom Fonteneau à la bibliothèque de Poitiers. Il a donné au *Monasticon benedictinum* une courte chronique de l'abbaye de Saint-Sever en Gascogne, 1653, ms. lat. 12696, fol. 375.

(Matricule, n° 1062 ; — Paul de Fleury, *Inventaire analytique et descriptif des manuscrits de la bibliothèque de Poitiers*, p. 42 et 45).

Lièble. LIÈBLE (Philippe-Louis), né à Paris, fit profession à Saint-Faron de Meaux, le 28 décembre 1752, à l'âge de 18 ans. Il mourut à Paris vers la fin de 1813. Il fut bibliothécaire de Saint-Germain-des-Prés, même après la suppression des ordres religieux, jusqu'à l'incendie de la bibliothèque, le 21 août 1794, où il perdit le ms. de sa *Notice de l'ancienne Gaule*, qui devait servir de suite à l'ouvrage de Danville, et corriger et augmenter la *No-*

titia Galliarum d'Adrien de Valois. On a de lui : 1° *Mémoire sur les limites de l'empire de Charlemagne*, qui a remporté le prix de l'Académie des belles-lettres en 1764, 1765, in-12 ; — 2° *Observations sur les deux lettres adressées à un supérieur-général, à l'occasion de la réforme des réguliers* (s. l. n. d.) in-8° ; — 3° *Suite des observations* (s. l. n. d). Plus tard il publia : *Nouvelle rhétorique française à l'usage des jeunes personnes de l'un ou de l'autre sexe, avec des exemples tirés des meilleurs orateurs et poètes latins et français*, Paris, 1804, in-12. Dom Liéble a collaboré à la collection des chartes et diplômes, au *Dictionnaire raisonné de diplomatique* de dom de Vaines, à l'édition des *Capitulaires* de Baluze, par Chiniac de la Bastide, et à celle d'Alcuin, publiée par Froben. La Convention nationale le comprit au nombre des gens de lettres auxquels le décret du 16 avril 1795 accorda une somme de 1500 livres.

(Matricule, n° 7326 ; — Quérard, *la France littéraire*, t. V, p. 301-302, au mot Liéble ; — *Nouvelle biographie générale*, t. XXXI, col. 181-182, au mot Liéble).

Lièvre (Jacques le), né à Guerbaville, diocèse de Rouen, fit profession à N.-D. de Lyre, le 10 mars 1677, à l'âge de 23 ans. Il mourut, le 22 novembre 1717, à Fécamp. Étant régent de rhétorique à Pontlevoy, il fit représenter, le 6 juillet 1690, par les élèves du séminaire une pièce de sa composition intitulée : *L'éducation de la noblesse*. Lièvre.

(Matricule, n° 3072 ; — Extrait du *Mémorial du séminaire de Pontlevoy*, communiqué par M. Paul de Fleury).

Limairac (Emmanuel-Marie), né à Toulouse, fit profession à la Daurade, le 22 avril 1756, à l'âge de 19 ans. Le lieu et la date de sa mort me sont inconnus. On a de lui : *Justification de l'appel comme d'abus, relevé par les religieux Bénédictins de la congrégation de Saint-Maur, contre* Limairac.

le régime actuel de cette même congrégation, Bordeaux (s. d.), in-12.

(Matricule, n° 7505).

Lorier. LORIER (Jean), né à Redon, fit profession à Vendôme, le 19 novembre 1650, à l'âge de 21 ans. Il mourut à Saint-Sauveur de Redon, le 27 novembre 1708. Directeur du séminaire de Pontlevoy, de 1668 à 1667, il fit représenter en 1666, par les élèves une tragédie de sa composition intitulée : *Le pécheur condamné dans la personne d'Antiochus.*

(Matricule, n° 1365 ; — Extrait du *Mémorial du séminaire de Pontlevoy*, communiqué par M. Paul de Fleury).

Louis. LOUIS (N...) fut bénédictin à Saint-Denis. Il a composé : *le Ciel ouvert à toute heure*, 1782, in-8°. Le nom de ce religieux n'étant pas inscrit dans les registres de la congrégation antérieurs à 1775 et ne figurant pas non plus dans la liste des bénédictins encore vivants le 16 avril 1790, il est probable qu'il vécut pendant cet intervalle.

(Quérard, *la France littéraire*, t. V, p. 371, au mot LOUIS).

Loysel. LOYSEL (Jean), né à Fécamp, fit profession à Jumièges, le 24 juillet 1665, à l'âge de 18 ans. Il mourut à Fécamp, le 28 mars 1717. On a de lui : *Vie de Saint-Benoist*, en vers français. Cet ouvrage, composé en 1677, forme le ms. 19523 du fonds français de la Bibliothèque nationale.

(Matricule, n° 2587 ; — Ms. fr. 19523).

Luc. LUC (Xavier), né à Grenoble, fit profession à Vendôme, le 17 décembre 1721, à l'âge de 20 ans. Chargé d'enseigner la théologie à Saint-Bénigne de Dijon en 1738. Son cours, transcrit par frère Guillaume Colas, de Châlon-sur-Saône, est conservé à la Bibliothèque nationale sous les nos 12353 et 12354 du fonds latin. Il comprend : 1° *Tractatus de sacramentis* ; — 2° *Tractatus de locis theologicis*, dans le ms. lat. 12354, p. 325. Le lieu et la date de sa mort me sont inconnus.

(Matricule, n° 5629 ; — Mss. lat. 12353 et 12354).

MAIGNEN (Jean), né à Alby, fit profession à la Daurade, le 10 novembre 1655, à l'âge de 18 ans, et mourut, le 12 avril 1702, à Saint-Guilhem du Désert. Il a fourni au *Monasticon benedictinum : Historia monasterii Sancti Severi de Rostagno*, 1668, ms. lat. 12697, fol. 1. Maignen.

(Matricule, n° 1614 ; — Ms. lat. 12697, fol. 1).

MAILLEFER (François-Élie), né à Reims, fit profession, à l'âge de 19 ans, le 10 juillet 1708, à Saint-Faron de Meaux. Il était religieux à Saint-Remi de Reims en 1740, quand il écrivit la *Vie de M. de la Salle, instituteur des frères des écoles chrétiennes*, ms. 800 de la bibliothèque de Reims. Il est aussi l'auteur d'une *Histoire de la ville, cité et université de Reims*, qui est un abrégé de celle de Marlot, ms. 842 de la bibliothèque de Reims. La date de la mort de Dom Maillefer m'est inconnue. Maillefer.

(Matricule, n° 4632 ; — Haenel, *Catalogi librorum manuscriptorum*, col. 400).

MAILLET (François-Michel), né à Bar, ancien diocèse de Toul, fit profession à Saint-Faron de Meaux, le 10 mai 1688, à l'âge de 19 ans. Il mourut, le 2 janvier 1694, au monastère de Redon. Il a laissé un grand nombre de sermons qui n'ont pas été publiés. Le ms. fr. 17124 contient ses *Sermons sur les principales fêtes de l'année*. Ses sermons divers sont dans les mss. fr. 17120, 17123 et 17125. Maillet.

(Matricule, n° 850 ; — Mss. fr. 17120, 17123, 17124 et 17125).

MALHERBE (Joseph-François-Marie), né à Rennes, le 21 Malherbe.

octobre 1733, fit profession à Saint-Melaine, le 21 février 1752. Reçu docteur à Angers, il vint, en 1774, enseigner la philosophie à Saint-Germain-des-Prés. Ses supérieurs le chargèrent de revoir la dernière édition, donnée par les Bénédictins, des Œuvres de saint Ambroise, et, en 1784, ils lui confièrent le soin de mettre la dernière main au VIe volume de l'*Histoire générale du Languedoc*. Après la suppression des ordres religieux, Dom Malherbe vécut d'une modeste pension qui lui était faite par l'Assemblée nationale ; il fut nommé, en 1799, bibliothécaire de la Cour de cassation, puis du Tribunat jusqu'en 1807 ; en 1812, il devint censeur des livres. Ses connaissances en chimie lui firent découvrir un procédé de fabrication de la soude par la décomposition du sel marin ; il contribua à améliorer la confection du savon à Paris. Il a publié avec M. Vernes : *Testament du publiciste patriote, ou précis des observations de M. l'abbé de Mably sur l'histoire de France*, La Haye et Paris, 1789, in-8°. Il a laissé les mss. suivants : *Remarques historiques sur les localités et les antiquités du Languedoc ; — Observations sur l'histoire de France, relativement aux assemblées nationales ; —* une traduction de la *Physique souterraine* de Becker. En 1823, il céda à la Bibliothèque royale ses papiers et ceux des Bénédictins relatifs à l'histoire du Languedoc, qui étaient restés en sa possession. Ils forment au département des mss. les n°s 1-191 de la collection de Languedoc, et les n°s 9525-9529 du fonds français. Dom Malherbe mourut à Paris, le 1er février 1827, à l'âge de 94 ans.

(Matricule, n° 7287 ; — *Histoire générale de Languedoc*, *Introduction historique*, par M. Dulaurier, Toulouse, 1872, in-4°, p. 79-82 ; — L. Delisle, *le Cabinet des manuscrits de la Bibliothèque nationale*, t. II, p. 71 ; — *Notice sur des collections manuscrites de la Bibliothèque nationale*, p. 19 (extrait de la *Bibliothèque de l'École des chartes*, t. XXXII, p. 255) ; — *Catalogue des actes de Philippe-Auguste*, p. XL ; — *Nouvelle biographie générale*, t. XXXII, col. 58-59, au mot MALHERBE).

Marlot.

MARLOT (Guillaume), né à Reims, au mois de juillet 1596, fit profession à Saint-Nicaise, dans sa ville natale, ayant à peine l'âge de 18 ans. Il en devint grand-prieur et y facilita l'introduction de la réforme de la congrégation de Saint-Maur en 1634; c'est à ce titre qu'il mérite de figurer parmi les écrivains de la congrégation. Il devint administrateur du prieuré de Fives, où il mourut, le 6 octobre 1667. On a de lui : 1° *Oraison funèbre de Gabriel de Sainte-Marie* (Guillaume de Gifford), *archevêque de Reims*, 1629, in-4° ; — 2° *Le théâtre d'honneur et de magnificence préparé au sacre des rois*, Reims, 1643, in-4° ; 2° éd., 1654, in-4° ; — 3° *Le tombeau du grand saint Remi*, Reims, 1647, in-8° ; — 4° *Metropolis Remensis historia, a Frodoardo digesta, plurimum aucta et illustrata*, 2 vol. Lille, 1666, et Reims, 1679, in-fol. ; — 5° *Histoire de la ville, cité et université de Reims, contenant l'état civil et ecclésiastique du pays*, Reims, 1843-1845, 3 vol. in-4° publiés par les soins de l'Académie de Reims ; — 6° *Apologie de l'archevêque Hincmar contre les calomnies d'un janséniste* ; — 7° *Monasterii S. Nicasii Remensis initia et ortus*, dans l'appendice des œuvres de Guibert de Nogent, Paris, 1651, in-fol.

(*Nouvelle biographie générale*, t. XXXII, col. 859-860, au mot MARLOT ; — Danton, *Biographie rémoise*, p. 78).

Mars.

MARS (Jean-Noël). * 1° *Histoire du royal monastère de Sainct-Lomer de Blois*, 1646, publiée par M. Dupré dans le t. II des *Mémoires de la Société archéologique de l'Orléanais*, p. 361, d'après le ms. n° 8 de la bibliothèque de Blois ; — 2° *Psautier suivant l'ordre des pseaumes traduit selon l'hébraïque et la Vulgate, illustré sur chasque pseaume d'un clair, docte et relevé sommaire, pour avoir en un instant l'intelligence des pseaumes et de ses quatre sens, littéral, allégorique, anagogique et tropologique ; Traduction de la pluspart des Cantiques expliqués de la mesme façon ; Toutes les hymnes pendant la semaine, en vers françois, celles des festes *et celles du commun; La sainte Messe, en françois*, 1700; ms. 80 de la bibliothèque de Tours; — 3° *Psautier*, avec le texte des psaumes en latin et l'explication en françois de chaque verset, 1698; ms. 81 de la bibliothèque de Tours; — 4° *Sermons et prières diverses*, ms. 491 de la bibliothèque de Tours; — 5° *Briève histoire chronologique des rois et ducs de Bretaigne Armorique*, 1640; ms. 1174 de la bibliothèque de Tours; — 6° *Brevis historia Majoris monasterii*, ms. 1378 de la bibliothèque de Tours; — 7° Recueil contenant un discours pour le jour de la dédicace de l'église de Marmoutier; la vie et les miracles du vénérable Barthélemy, abbé de Marmoutier; la vie des sept dormants et la vie de saint Léobard, reclus, religieux de Marmoutier. Il est en outre l'auteur d'une histoire des monastères de Landevenech et de Saint-Jacut, ms. lat. 12780, fol. 419.

(Dorange, *Catalogue des manuscrits de la bibliothèque de Tours*, p. 29, 30, 262 et 541; — Ms. lat. 12780, fol. 419).

Martin. MARTIN (Antoine-Vincent), né à Compiègne, fit profession à Saint-Remi de Reims, le 19 février 1635, à l'âge de 20 ans. Il a composé: *Tractatus de rhetorica*, 1639, et *De conscribendis epistolis methodus*, ms. 31 de la bibliothèque de Chaumont. Il mourut, le 25 mai 1679, à Saint-Père de Chartres

(Matricule, n° 716; — Haenel, *Catalogi librorum manuscriptorum*, col. 139).

Martin. MARTIN (Jean), né à Compiègne, fit profession à Saint-Remi de Reims, le 13 octobre 1648, à l'âge de 19 ans. Il mourut, le 25 décembre 1698, à Landevenech. On a de lui: *Chronologia a creatione ad nativitatem Jesu Christi*, 1660, ms. lat. 13720. Il est aussi l'auteur d'une histoire de Saint-Jouin de Marnes, 1677, qui est dans le ms. lat. 12677, fol. 77.

(Matricule, n° 1275; — Ms. lat. 13720; — Ms. lat. 12677, fol. 77).

MARTIN (Joseph), né à Limoges, fit profession au monastère Saint-Augustin de cette ville, le 12 avril 1688, à l'âge de 19 ans. Il mourut à Saint-Allyre de Clermont, le 10 juin 1709. On a de lui : *Apparatus in editionem Theodoreti*, ms. 417 du Supplément grec de la Bibliothèque nationale. Martin.

(Matricule, n° 3769 ; — Ms. 417 du Supplément grec).

MARTIN (N...). Dans une lettre adressée de Saint-Jean-d'Angély à l'historiographe Moreau, le 17 novembre 1766, il nous fait connaître lui-même les ouvrages qu'il a composés. « Mon coup d'essai, dit-il, fut un petit ouvrage théologique et critique intitulé : *Les Droits de la charité vengés*, etc., imprimé à Avignon, réimprimé à Paris... Le second est un petit in-12, qui a pour titre *le Bénédictin pacificateur*.... Le troisième que je viens de faire imprimer à Saintes est un autre petit in-12 historique et moral. Il a pour titre : *les Caprices de la fortune*. Je passe sous silence quantité d'autres morceaux sortis de ma plume, etc. » Dom Martin devait s'occuper de l'histoire de Saintonge avec Dom Maximilien Duez, mais il y a lieu de croire, par ses lettres, qu'il en fut empêché par ses supérieurs. Martin.

(Ms. 322 de la collection Moreau, fol. 123-141).

MASSANES (Joseph-Pierre-Xavier DE), né à Montpellier, fit profession à la Daurade, le 27 mai 1743, à l'âge de 19 ans. Le lieu et la date de sa mort me sont inconnus. Il a laissé un écrit intitulé : *Parallèle du régime actuel de la congrégation de Saint-Maur avec celui qui lui fut imposé par l'Église et par l'État sur l'élection des supérieurs majeurs et locaux, sur leur institution et destitution, et sur l'institution et destitution des officiers des maisons* (s. l., 1765), in-fol. Massanes.

(Matricule, n° 6796).

MAUBREUIL (Claude DE), né à Saint-Quentin, fit profes- Maubreuil.

sion à Saint-Augustin de Limoges, le 18 mai 1647, à l'âge de 21 ans. Il mourut, le 30 mars 1679, à Saint-Quentin-en-l'Isle. On a de lui : 1° *Abigaïl ad pedes David seu typus animae vere pœnitentis*, 1666, ms. 18 de la bibliothèque de Saint-Quentin ; — 2° *Commentarius theologicus in sacrosanctum Jesu Christi evangelium secundum Johannem*, 1668, ms. 20 de la bibliothèque de Saint-Quentin ; — 3° *Commentarius in regulam s. Patris ac legislatoris nostri Benedicti*, 1672, ms. 21 de la bibliothèque de Saint-Quentin ; — 4° *Le protecteur de la couronne de France en la troisième lignée de nos rois ou la vie du glorieux s. Wallery, abbé bénédictin et apôtre du Vimeux*, 1660, ms. 81 de la bibliothèque de Saint-Quentin.

(Matricule, n° 1225 ; — Mss. 18, 20, 21 et 81 de la bibliothèque de Saint-Quentin).

Maugenet. MAUGENET (Gilbert), né à Viplaix, ancien diocèse de Bourges, fit profession à Saint-Augustin de Limoges, le 9 novembre 1679. Il professa la philosophie à Saint-Maixent en 1689. C'est là qu'il composa le traité intitulé : *Metaphysica thomistica*, qui est conservé à la bibliothèque de Bourges sous le n° 163 des mss. L'auteur du catalogue donne à tort à notre bénédictin le nom de Maugine. Dom Maugenet mourut, le 8 octobre 1766, à Saint-Jouin de Marnes.

(Matricule, n° 3194 ; — De Girardot, *Catalogue des manuscrits de la bibliothèque de Bourges*, p. 38).

Mauger. MAUGER (Étienne-Joseph), né le 25 mars 1753, fit profession le 27 novembre 1775. Il appartenait, du moins au moment de la Révolution, à l'abbaye Saint-Étienne de Caen. Au moment de la suppression des ordres religieux, nommé curé de Vise en Lorraine, puis professeur de physique à Rouen. Plus tard arrêté pour ses opinions politiques, il fut condamné à mort, le 24 floréal an II. Mort en 1794. Il a composé : *Nostradamus ou le physi-*

cien plaideur, comédie en un acte et en vers, Caen, 1779, in-12.

(Ms. fr. 20850, fol. 26; — Quérard, *la France littéraire*, t. V, p. 635, au mot MAUGER; — Hippeau, *l'Abbaye de Saint-Étienne de Caen*, p. 392; — Lebreton, *Biographie normande*, t. III, p. 61).

MAUGER (Louis-François), *alias* DE MAUGÉ, né à Beauvais, fit profession dans l'abbaye Saint-Lucien de cette ville, le 20 juillet 1716, à l'âge de 21 ans. Il s'était occupé de recherches sur l'histoire de la Picardie. Il mourut, le 6 septembre 1771, à Saint-Lucien. Mauger.

(Matricule, nº 5307; — Ms. 1096 de la collection Moreau, fol. 110 et 148 vº).

MAUPEL (Paul), né à Narbonne, fit profession à la Daurade de Toulouse, le 18 mars 1686, à l'âge de 20 ans. Il mourut, le 26 décembre 1733, à Saint-Tybéri. On a de lui : *Sancti Petri de Regula, regalis prioratus, historico-chronologica sinopsis seu de rebus notatu dignis incliti monasterii Regulensis liber, qui octavus inscribitur, anno 1728.* Maupel.

(Matricule, nº 3621; — *Archives historiques du département de la Gironde*, t. V, p. 100).

MAZET (Hugues), né à Sury-le-Comtal, diocèse de Lyon, fit profession à Saint-Allyre de Clermont, le 19 février 1759, à l'âge de 16 ans. Il mourut à Poitiers en 1817. On a de Dom Mazet : *Dictionnaire de la noblesse du Poitou*, ms. 162 de la bibliothèque de Poitiers. Il fut le continuateur et l'héritier des papiers de Dom Fonteneau, qui, après lui, passèrent à la bibliothèque municipale de Poitiers. Mazet.

(Matricule, nº 7646; — de Fleury, *Inventaire analytique et descriptif de la bibliothèque de Poitiers*, p. 57; — L. Delisle, *le Cabinet des manuscrits de la Bibliothèque nationale*, t. II, p. 73; — *Notice sur des collections manuscrites de la Bibliothèque nationale*, p. 50 (extrait de la *Bibliothèque de l'École des chartes*, t. XXXII, p. 266; — *Catalogue des actes de Philippe-Auguste*, p. XLII).

Mercier. MERCIER (René), né à Vendôme, fit profession dans sa ville natale, le 18 mars 1688, à l'âge de 19 ans. Il y mourut, le 3 avril 1827. Étant régent de 2e à Pontlevoy, il fit représenter, en 1702, par les élèves, une tragédie de sa composition intitulée : *Justinien vengeur ou les tyrans punis.*

(Matricule, n° 3755 ; — Extrait du *Mémorial du séminaire de Pontlevoy*, communiqué par M. Paul de Fleury).

Merle. MERLE (Zacharie), né à Semur-en-Brionnais, fit profession à Vendôme, le 25 janvier 1739, à l'âge de 18 ans. Le lieu et la date de sa mort me sont inconnus. On a de lui : 1° *Histoire générale et particulière de Bourgogne*, Dijon, 1739-1781, 4 vol. in-fol., en collaboration avec Dom Plancher ; — 2° *Lettre d'un bénédictin sur une charte contenant des privilèges accordés par Clovis Ier au monastère de Reomans, aujourd'hui Moutier-Saint-Jean*, 1771, in-8° ; — 3° *Recueil de lettres adressées à M. Mille auteur de « l'Abrégé chronologique de l'histoire de Bourgogne, »* Paris, 1772, in-8°, avec Dom François Rousseau ; — 4° *Introduction à l'histoire de France, ouvrage élémentaire à l'usage des personnes qui veulent s'instruire de l'origine des Francs, des chefs ou des rois qui les gouvernèrent, et de leurs anciennes lois ; avec la carte géographique de la Gaule celtique*, imprimée aux frais de M. Merle, subdélégué de l'intendant de Bourgogne, Paris, 1787, 2 vol. in-12.

(Matricule, n° 6565 ; — Quérard, *la France littéraire*, t. VI, p. 70, au mot MERLE ; — Ms. 854 de la collection Moreau, p. 190).

Misson. MISSON (Pierre), né à Reims, fit profession au monastère Saint-Remi de cette ville, le 6 mai 1670, à l'âge de 17 ans. Il mourut, le 4 avril 1720, à Saint-Denis. On a de lui : *Abrégé de l'histoire de l'abaïe royalle de Saint-Remi de Reims*, ms. lat. 11819, fol. 75.

(Matricule, n° 2716 ; — Ms. lat. 11819, fol. 75).

MONNIOTTE (Pierre-François). D'après la *Biographie universelle*, ce bénédictin se serait appelé Jean-François, mais dans plusieurs listes de bénédictins de l'abbaye de Saint-Germain-des-Prés, qui sont dans les papiers de Dom Poirier, ms. fr. 20850, il a les prénoms de Pierre-François. Dom Monniotte naquit à Besançon en 1723. A l'âge de 18 ans, le 27 juillet 1741, il fit profession à Saint-Allyre. Il fut chargé plus tard de l'enseignement de la philosophie et des mathématiques à Saint-Germain-des-Prés. Après la suppression des ordres religieux, il se retira à Tigery, près de Corbeil, où il mourut le 29 avril 1797. Il est l'éditeur des *Institutiones philosophiæ* de Rivard, Paris, 1778-80, 4 vol. in-12. Charles Weiss, dans la *Biographie universelle*, prétend qu'il est le véritable auteur de l'*Art du facteur d'orgues*, publié sous le nom de Dom Bedos de Celles. Dom Tassin attribue au contraire cet ouvrage à ce dernier ; Quérard ne se prononce ni pour l'un ni pour l'autre. Monniotte.

(Matricule, n° 6704 ; — Ms. fr. 20850, fol. 7 et 13 v° ; — Tassin, *Histoire littéraire de la congrégation de Saint-Maur*, p. 785 ; — *Biographie universelle*, t. XXIX, p. 399 ; — Quérard, *la France littéraire*, t. I, p. 252, au mot BEDOS, et t. VI, p. 215, au mot MONNIOTTE).

MOREAU (Isaac), né à Tours, fit profession à Saint-Serge-lez-Angers, le 29 novembre 1656, à l'âge de 19 ans. Il mourut à Saint-Julien de Tours, le 22 septembre 1706. On a de lui : *Hymni ecclesiæ correcti et emendati et ad meliorem usum et faciliorem concentum redacti*, mss. 181 et 182 de la bibliothèque de Tours. Moreau.

(Matricule, n° 1723 ; — Dorange, *Catalogue des manuscrits de la bibliothèque de Tours*, p. 88).

MULLEY (Charles-Joseph), *alias* MULLET, né à Bapaume, fit profession à Saint-Médard de Soissons, le 4 septembre 1754, à l'âge de 19 ans. Le lieu et la date de sa mort me sont inconnus. Il fut un des bénédictins chargés de Mulley.

travailler à l'histoire de la Picardie. Il dépouilla entre autres fonds les archives de la cathédrale de Soissons, de la collégiale de Saint-Waast de Soissons, des abbayes de Chezy, Chartreuve, du Val-Chrétien et du château de Blérancourt. Les pièces copiées par lui sont disséminées dans les volumes de la collection Grenier. Il fut chargé, en 1772, de mettre en ordre les chartes de Saint-Père-en-Vallée.

(Matricule, n° 7423 ; — L. Delisle, *le Cabinet des manuscrits de la Bibliothèque nationale*, t. I, p. 560 ; t. II, p. 78 ; — *Notice sur des collections manuscrites de la Bibliothèque nationale*, p. 39 (extrait de la *Bibliothèque de l'École des chartes*, t. XXXII, p. 275) ; — *Catalogue des actes de Philippe-Auguste*, p. XLII ; — Ms. 343 de la collection Moreau, fol. 38).

Olivier.

OLIVIER (Nicolas-Louis), né à Chartres en 1719, fit profession à Saint-Vandrille, le 16 mars 1738, à l'âge de 18 ans. Le lieu et la date de sa mort me sont inconnus. Il a fait un *Recueil d'armoiries*, 1761, qui est conservé à la bibliothèque de Chartres sous le n° 652 des mss.

(Matricule, n° 6523 ; — *Catalogue des manuscrits de la bibliothèque de Chartres*, p. 154).

Oudin.

OUDIN (Jean-Philibert), né à Moirey, diocèse de Verdun, fit profession à Saint-Nicolas de Nadon, le 19 octobre 1619, à l'âge de 27 ans. En 1650, il rentra dans la vie séculière, comme on le voit dans le catalogue alphabétique du Résidu Saint-Germain, au mot *Annales*. On a de lui : 1° *Essais de méditations sur toutes les fêtes tant doubles que semi-doubles de toute l'année*, ms. fr. 19404 ; — 2° *Annales Gallo-Benedictini ab anno reparatæ salutis DLXI quo Maurus a Benedicto magistro in Galliam missus est*, mss. lat. 12736-12737 ; — 3° *De tempore obitus D. Benedicti et adventus B. Mauri in Gallias*, mss. lat. 12646-12647.

(Matricule, n° 54 ; — Mss. lat. 12736-12737 et 12646-12647 ; — Ms. fr. 19404).

PACOTTE (Joseph), né à Montpellier, fit profession à la Daurade, le 22 décembre 1758, à l'âge de 19 ans. Il fut chargé par M. Dillon, archevêque de Narbonne, et par les États de Languedoc (séances du 16 février 1786 et du 11 janvier 1787), de compulser les archives des différentes villes du Languedoc et d'en faire des extraits qui devaient être déposés dans les archives de la province. Il lui fut alloué pour cela un fonds de 5600 livres, qui fut entièrement partagé entre ses copistes. Le résultat de ses recherches, déposé aux archives de l'Hérault à Montpellier, se décompose ainsi : 1° *Extraits et copies d'actes des archives de l'Hôtel-de-Ville de Montpellier*, de 1154 à 1700, t. I-IV ; — 2° *Notices sommaires de chartes*, de 1112 à 1694 ; *Extraits de la chronique connue sous le nom de* Petit Thalamus *de Montpellier, avec glossaire ; Nomenclature des notaires de Montpellier*, t. V ; — 3° *Extraits et copies d'actes des archives de l'Hôtel-de-Ville de Nîmes*, de 1151 à 1648 ; *Nomenclature des notaires de cette ville*, t. VI ; — 4° *Extraits et copies d'actes des archives de l'Hôtel-de-Ville d'Aiguesmortes*, de 1248 à 1662, *précédés d'un précis historique sur la ville d'Aiguesmortes*, t. VII ; — 5° *Extraits et copies d'actes des archives de l'Hôtel-de-Ville de Beaucaire*, de 1160 à 1668, t. VIII et IX ; — 6° *Extraits et copies d'actes des archives des Hôtels-de-Ville de Lunel, Sommières, Calvisson, Tournon, Villeneuve-les-Avignon*, de 1215 à 1659, t. X et XI ; — 7° *Hommages et serments de fidélité des XIIIe, XIVe et XVe siècles*, t. XIII. La Bibliothèque nationale en possède une copie sous les n°s 9173-9184 du fonds latin ; seulement le n° 9184 contient : 1° *Notices générales et chronologiques, ecclésiastiques, civiles et militaires pour servir à l'histoire générale de France, tirées des archives de la commune de Montpellier*, depuis 1112 jusqu'à 1694 ; — 2° *Notes sur l'origine et la forme des compoix ou cadastres de la ville de Montpellier* (fol. 56) ; — 3° *Notice des chartes tirées d'Aniane*, de 1328 à 1488. La Pacotte.

Bibliothèque nationale possède aussi de lui : *Table générale et chronologique des ordonnances des roys de France de la 3e race contenues dans les X, XI, XII et XIIIe volumes de M. Bréquigny*. Dom Pacotte était en 1789 religieux à Saint-Germain-des-Prés. En 1791, le 29 septembre, sur la demande des députés du Languedoc, il fut nommé, par décret de l'Assemblée nationale, archiviste du Languedoc, pour procéder au triage des archives de cette province qui pouvaient intéresser l'histoire nationale et les beaux-arts et les faire transporter à la Bibliothèque nationale. En 1792, il revint à Paris et fut incarcéré comme suspect. Ses parents livrèrent aux flammes les papiers qu'il avait recueillis pour une histoire de la Révolution. Il n'en a été conservé que le ms. fr. 6576. En 1794, il procéda au classement des papiers des Tuileries et dressa une table raisonnée des procès-verbaux de l'Assemblée nationale, etc. En 1809, il fut nommé desservant de la paroisse de Sivry, canton du Châtelet, diocèse de Meaux, à l'âge de 73 ans ; en 1814, curé de Saint-Jean-les-deux-Jumeaux ; il échange ce poste trop pénible pour lui contre celui d'Aulnoy, près Coulommiers. C'est là qu'il mourut, le 18 mars 1824, à l'âge de 87 ans et quatre mois, léguant aux pauvres de sa paroisse son mobilier qui était toute sa fortune.

(Matricule, n° 7489 ; — Thomas, *Introduction à l'histoire générale du Languedoc*, Montpellier, 1858, in-4°, p. 56 et 57 ; — *Histoire générale de Languedoc, Introduction historique*, par M. Dulaurier, Toulouse, 1872, in-4°, p. 83).

Pardessus.

PARDESSUS (Thomas), né le 10 mars 1721, à Selomme, diocèse de Blois, fit profession, le 10 août 1745, à Saint-Martin de Séez. Il enseigna à Saint-Germain-des-Prés, où il était depuis 1766, et dans plusieurs autres abbayes et fut prieur de Tyron et de Saint-Evroul. Il travailla pendant plusieurs années à l'histoire de la Picardie avec

Dom Caffiaux. Lorsqu'il mourut, il s'occupait de la refonte du glossaire de Ducange et de la continuation de cet ouvrage par Dom Carpentier. Il y ajouta ses propres recherches et se proposait de donner au public un glossaire plus complet. Ce religieux était très-studieux et avait l'esprit orné de beaucoup de connaissances ; il s'était particulièrement adonné à l'optique et réussissait, paraît-il, à faire les télescopes. Il mourut, le 18 janvier 1780, à Saint-Germain-des-Prés et fut enterré dans le passage du cloître, dans la grande chapelle de la Vierge.

(Matricule, n° 6925 ; — Ms. fr. 16861, *Nécrologe de Saint-Germain-des-Prés*, p. 190 ; — Ms. 1096 de la collection Moreau, fol. 114 et 154 ; — Ms. fr. 15785, p. 28 ; — L. Delisle, *Notice sur des collections manuscrites de la Bibliothèque nationale*, p. 89 (extrait de la *Bibliothèque de l'École des chartes*), t. XXXII, p. 275).

Paris.

Paris (Altin), né à Orléans, fit profession à Vendôme, le 24 octobre 1688, à l'âge de 17 ans. Le lieu et la date de sa mort sont inconnus. Étant régent de 2e, puis de rhétorique à Pontlevoy, à partir de 1722, il composa plusieurs tragédies ou comédies qui furent représentées par ses élèves. Ce sont : *Moria ou la Folie vaincue par la Sagesse ; la Guerre grammairienne ; la Rentrée des classes ; le Poète crotté ; la Vérité triomphante de l'Erreur ; les Jeux d'esprit ; Adraste et Atys ou les amis fidèles et malheureux ; le Roy Crésus ; les Saturnales ou les esclaves maîtres ; Lysimaque ; le Monde démasqué ; le Martyre de saint Laurent*, etc.

(Matricule, n° 3790 ; — Extrait du *Mémorial du séminaire de Pontlevoy*, communiqué par M. Paul de Fleury).

Pernetty.

Pernetty (Antoine-Joseph)*. 1° *Matériaux pour un Dictionnaire des arts et métiers*, mss. fr. 16979-16982 ; — 2° *Projet de nouvelles déclarations pour la congrégation de Saint-Maur*, ms. lat. 13863 ; — 3° *Projet de nouvelles constitutions pour la congrégation de Saint-Maur*, ms. lat 13864.

(Mss. fr. 16979-16982 ; — Mss. lat. 13863 et 13864).

Perrault. PERRAULT (Edme), *alias* Edmond PERREAU, dans les registres matricules, naquit à Paris et fit profession, le 19 mars 1694, à l'âge de 18 ans, à N.-D. de Lyre. On a de lui : *Dénonciation des lettres de D. Vincent Thuillier, religieux bénédictin de la congrégation de S. Maur contre l'appel de la bulle Unigenitus*, (s. l. n. d.) in-4°. Le lieu et la date de sa mort me sont inconnus.

(Matricule, n° 4064).

Peyrat. PEYRAT (Michel DU), né à Limoges, fit profession à Saint-Augustin, le 17 février 1651, à l'âge de 17 ans. Il est l'auteur de *Commentaires sur la règle de s. Benoît*, ms. lat. 12642. Il mourut à Saint-Savin de Poitiers le 13 décembre 1691.

(Matricule, n° 1876 ; — Ms. lat. 12642).

Philippe. PHILIPPE (Jean), né à Pontoise, fit profession à Saint-Faron de Meaux, le 28 août 1657, à l'âge de 20 ans. Il mourut au monastère de Pontoise. On a de lui : *Abbrégé de l'histoire du monastère du Mont-St-Quentin, proche de Peronne*, 1677, ms. lat. 12692, fol. 60.

(Matricule, n° 1788 ; — Ms. lat. 12692, fol. 60).

Pihan de la Forest. PIHAN DE LA FOREST (Alexandre-Odile), né à Pontoise, fit profession à Saint-Faron de Meaux, le 21 décembre 1763, à l'âge de 20 ans. Il mourut à Saint-Germain-des-Prés, le 6 juin 1774. Comme il avait fait de très-bonnes études, il fut associé à Dom Berthereau pour les recherches relatives à l'histoire des Croisades.

(Matricule, n° 7930 ; — Ms. fr. 16861, *Nécrologe de Saint-Germain-des-Prés*, p. 188).

Pirou. PIROU (Michel), né à « Selavilla », diocèse de Rouen, fit profession à Jumièges, le 24 avril 1621, à l'âge de 30 ans. Il mourut, le 3 janvier 1659, à Saint-Vincent du Mans. Il est l'auteur d'une *Vie de s. Fiacre, solitaire dans la Brie*, in-12, imprimée à Paris en 1625 et en 1636.

(Matricule, n° 86 ; — François, *Bibliothèque générale des écrivains de l'ordre de saint Benoît*, t. II, p. 404).

Place.

PLACE (Pierre-Romain DE LA), né à Saintes, fit profession, le 11 juin 1622, à l'âge de 26 ans, à Saint-Augustin de Limoges. Il mourut, le 10 janvier 1670, au monastère de Saint-Jean d'Angely. On a de lui : 1° *Aurea vincula charitatis*, 2 vol. qui forment les mss. lat. 12372-73 ; — 2° *De beatæ Virginis deiparæ et divi ejus sponsi Joseph laudibus et privilegiis liber*, ms. lat. 12374 ; — 3° *Maria mystica*, ms. lat. 12375.

(Matricule, n° 112 ; — Mss. lat. 12372-75).

Poirier.

POIRIER (Germain), né à Paris, fit profession à Saint-Faron de Meaux, le 20 mars 1740, à l'âge de 16 ans. Il enseigna la philosophie et la théologie dans les maisons de son ordre, devint secrétaire du visiteur général de la province de France, puis garde des archives de l'abbaye de Saint-Denis et de Saint-Germain-des-Prés. En 1785, il fut nommé associé libre de l'Académie des inscriptions ; pendant la Révolution, membre de la commission des arts et des monuments ; en 1796, sous-bibliothécaire à l'Arsenal ; en 1801, membre de l'Institut, en remplacement de Legrand d'Aussy. Il mourut, le 3 février 1803, à Paris, âgé de près de 80 ans ; savant aussi modeste que distingué, charitable à l'excès. Il a publié, en collaboration avec Dom Précieux : 1° le t. XI du *Recueil des historiens de France*, 1762 ; — 2° en collaboration avec Vicq d'Azyr une *Instruction sur la manière d'inventorier et de conserver tous les objets qui peuvent servir aux arts, aux sciences et à l'enseignement*, Paris, 1794, in-4° ; — 3° un *Mémoire relatif à Hugues Capet*, dans le t. L des *Mémoires de littérature de l'Académie des inscriptions*. Il a pris une grande part à la rédaction de l'*Art de vérifier les dates*. Il a laissé un nombre considérable de travaux mss., dont voici l'indication : 1° l'inventaire des mss. de la bibliothèque de l'Arsenal, qui a été, jusqu'à ces derniers temps, le seul répertoire à consulter pour cette importante collection ; — 2° un catalogue des plantes du jardin du Roi, ms. lat. 11211 ; — 3° Correspondance, mss. fr. 20800-20801 ; — 4° Géographie, antiquités, ms. fr. 20802 ; — 5° Mélanges historiques, ms. fr. 20803 ; — 6° Mélanges historiques et littéraires, ms. fr. 20804 ; — 7° Recueil des historiens de France, mss. fr. 20805-20811 ; — 8° Mémoires pour l'Institut, mss. fr. 20812-20816 ; — 9° Rapports à l'Institut, ms. fr. 20817 ; — 10° Table des Mémoires de l'Académie des inscriptions, ms. fr. 20818 ; — 11° Rangs et honneurs de la cour, mss. fr. 20819-20836 ; — 12° Mémoires et extraits sur les règnes de Henri II et de François II, ms. fr. 20837 ; — 13° Diplomatique, mss. fr. 20838-20839 ; — 14° Cabinet des chartes, mss. fr. 20840-20841 ; — 15° Commission des monuments, des arts, catalogues de bibliothèques, etc., mss. fr. 20842-20844 ; — 16° Documents sur Saint-Germain-des-Prés, mss. fr. 20845-20850 ; — 17° Documents sur l'abbaye de Saint-Denis, mss. fr. 20851-20852.

(Matricule, n° 0628 ; — *Nouvelle biographie générale*, t. XL, col. 563-5.., au mot POIRIER ; — Potiquet, *l'Institut national de France*, p. 32 et 120).

Poitevin

POITEVIN (Pierre), né à Bordeaux, fit profession au monastère Sainte-Croix de cette ville, le 18 avril 1663, à l'âge de 17 ans. Il mourut, le 21 janvier 1698, à Moutier-Saint-Jean. Un des plus actifs collaborateurs du *Monasticon benedictinum*, il avait composé pour ce recueil : 1° *Estat général et particulier de l'abbaye et monastère Saincte-Croix de Bordeaux*, etc., ms. lat. 12667, fol. 1 ; — 2° *Histoire de l'abbayee* (sic) *de St-Jean-Baptiste de Sordes*, ms. lat. 12697, fol. 282 ; — 3° *Histoire du monastère de St-Pé de Generes*, ms. lat. 12690, fol. 50 ; — 4° *Abbrégé de l'histoire du monastère de St-Pierre de la Réole*, dans l' *diocèse de Bazats* (sic), ms. lat. 12690, fol. 339 ; — 5° *Histoire du monastère de St-Savin en la vallée de Lavedan*, ms. lat. 12695, fol. 349 ; — 6° *Histoire du monastère de St-Sever Cap de Gascogne*, ms. lat. 12696, fol. 327 ; — 7° *Histoire du monastère de St-Sever de Rostaing*, 1677, ms. lat. 12697, fol. 41.

(Matricule, n° 2137 ; — Mss. lat. 12687, 12690, 12695, 12696 et 1269 .

PONCET (Maurice), né à Limoges, fit profession à Marmoutier, le 27 mai 1705, à l'âge de 19 ans. Le lieu et la date de sa mort me sont inconnus. Il fut un des bénédictins chargés de travailler à l'histoire de la Touraine, de l'Anjou et du Maine. Poncet.

(Matricule, n° 4725 ; — L. Delisle, *le Cabinet des manuscrits de la Bibliothèque nationale*, t. II, p. 74 ; — *Notice sur des collections manuscrites de la Bibliothèque nationale*, p. 50 (extrait de la *Bibliothèque de l'École des chartes*, t. XXXII, p. 2 8).

PORCHERON (Placide)* : 1° *Catéchisme eucharistique, Recueil de passages latins tirés des œuvres de saint Augustin concernant le sacrement de l'eucharistie et le sacrifice de la messe*, ms. fr. 17107 ; — 2° *Histoire de l'abbaye Saint-Lucien de Beauvais*, 1681, ms. fr. 19843 ; — 3° *Histoire de l'abbaye de Chelles*, ms. en 3 vol. dont le séminaire de Meaux possède un exemplaire. Porcheron.

(L. Delisle, *Catalogue des actes de Philippe-Auguste*, p. 585 ; — Préface du *Monasticon gallicanum*, p. XXV ; — Ibid., p. XV).

PRÉCIEUX (Eustache-Jean), profès le 26 août 1777, âgé de 30 ans, au moment de la suppression des ordres religieux, collabora au t. XI du *Recueil des historiens de France*, avec Dom Poirier. Précieux

(Ms. fr. 20850, fol. 27 v° ; — *Nouvelle biographie générale*, t. XL, col. 563-569, au mot POIRIER).

PRÉVOST (Nicolas), né à Orléans, fit profession à Vendôme, le 26 juillet 1663, à l'âge de 21 ans. Il mourut à Fleury-sur-Loire, le 20 août 1717. On a de lui : *Re-* Prévost.

marques sur nostre establissement dans l'abbaye de St-Seyne et ce qui a suivi selon l'ordre des temps, ms. lat. 12696, fol. 90.

(Matricule, n° 2167; — Ms. lat. 12696, fol. 90).

Prévost d'Exiles.

PRÉVOST D'EXILES (Antoine-François), né à Hesdin, le 1er avril 1697, mort le 23 novembre 1763, fit profession à Jumièges, le 9 novembre 1721. Il quitta la congrégation de Saint-Maur en 1727. L'auteur de l'*Histoire de Manon Lescaut* mérite de figurer parmi les écrivains bénédictins de la congrégation, parce qu'il a rédigé seul un volume presque entier du *Gallia christiana*, probablement le t. V, et qu'il a composé dans la solitude du cloître les deux premiers volumes des *Mémoires et aventures d'un homme de qualité qui s'est retiré du monde*.

(Matricule, n° 5621; — *Nouvelle biographie générale*, t. XLI, col. 6-7, au mot PRÉVOST).

Pres.

PREZ (Jean DES), né à Bourbon-l'Archambaud, fit profession à Saint-Allyre de Clermont, le 30 juillet 1666, à l'âge de 19 ans. Il mourut, le 22 décembre 1687, au monastère de Saint-Michel-en-l'Herm. On a de lui dans le *Monasticon benedictinum : Historia regalis abbatiæ Sancti Joannis Baptistæ Angeriacensis compendium*, 1676, ms. lat. 12676, fol. 77.

(Matricule, n° 2428; — Ms. lat. 12676, fol. 77).

Queinsert.

QUEINSERT (Jean-Baptiste), né à Bapaume, diocèse d'Arras, fit profession à Saint-Faron de Meaux, le 29 juillet 1733, à l'âge de 20 ans. Le lieu et la date de sa mort, arrivée après 1780, me sont inconnus. Chargé par Moreau d'explorer les archives d'Artois, de Flandre, de Hainaut et de Picardie, Dom Queinsert fut un des plus laborieux des bénédictins qui travaillèrent au dépôt des Chartes. « La moisson que D. Queinsert fit dans les archives de l'Artois et d'une partie de la Flandre et du Hainaut ne fut guère moins abondante que celle de D. Grenier, dit M. Delisle ; mais il apporta moins de discrétion dans le choix des pièces et moins d'exactitude dans les transcriptions. Voici les établissements des diocèses d'Arras, de Tournai et de Cambrai dont les actes ont été copiés par D. Queinsert : la cathédrale d'Arras, l'hôpital Saint-Jean-l'Estrée ; les abbayes de Saint-Vaast, d'Etrun et du Mont-Saint-Eloi ; la collégiale de Saint-Sauveur à Saint-Paul ; la ville de Bapaume ; les abbayes d'Avesnes-les-Nonnains, d'Eaucourt, d'Arrouaise, d'Anchin et de Flines ; la ville et l'abbaye de Marchiennes ; la ville d'Orchies ; les abbayes de Hasnon, de Vicogne et de Château-lez-Mortagne ; les châteaux d'Oizy et d'Havrincourt ; les abbayes de Loos, de Notre-Dame-des-Prés et de Saint-Amand ; la collégiale de Saint-Piat à Seclin ; à Valenciennes, le chapitre Saint-Gery, l'abbaye de Saint-Jean, l'hôpital de Saint-Jacques, les couvents des carmes, des chartreux, des dominicains et des dominicaines de Beaumont ; les abbayes de Saint-Sauve-lez-Valenciennes, de Fontenelles, de Crespin, de Sainte-Elisabeth, du Verger, de Hautmont et de Maroilles ; l'hôtel-de-ville et la collégiale d'Avesnes en Hainaut ; l'abbaye de Liessies ; la ville et la trésorerie des chartes de Mons. D. Queinsert empiéta quelquefois sur le territoire que s'était approprié D. Grenier : c'est à lui que nous devons une partie des chartes du prieuré de Saint-Leu d'Esserent, et des abbayes de Mareuil, du Mont-Saint-Quentin et de Long-pont. » La quantité prodigieuse de documents qu'il recueillit et qu'on peut évaluer à environ 6000, est disséminée dans la collection des Chartes et diplômes et dans la collection Grenier, notamment dans les n°s 60, 150, 249-251. Sa correspondance est dans le n° 388 de la collection Moreau.

(Matricule, n° 6290 ; — L. Delisle, *le Cabinet des manuscrits de la Bibliothèque nationale*, t. I, p. 561 ; t. II, p. 78 ; — *Notice sur de collections manuscrites de la Bibliothèque nationale*, p. 39 (extrait de la *Bibliothèque de l'École des chartes*, t. XXXII, p. 275); — *Catalogue des actes de Philippe-Auguste*, p. XLII).

Rabache de Fréville.

RABACHE DE FRÉVILLE (Charles), né à Péronne, fit profession à Vendôme, le 25 janvier 1718, à l'âge de 19 ans. Chargé d'enseigner la théologie, en 1730, il a laissé : *Tractatus de sacramento ordinis*, ms. lat. 12302. Il mourut à Saint-Germain-des-Prés, le 11 janvier 1763.

(Matricule, n° 5105; — Ms. lat. 12302; — Ms. fr. 16861, *Nécrologe de Saint-Germain-des-Prés*, p. 183).

Raulin.

RAULIN (Damien), né à Donchery, diocèse de Reims, fit profession à Saint-Remi, le 29 septembre 1644, à l'âge de 20 ans. Il mourut, le 24 novembre 1699, à Corbie. On a de lui : *Mémoire pour servir à l'histoire de l'abbaye de Saint-Père-lez-Melun*, 1667, ms. lat. 12690, fol. 187).

(Matricule, n° 1131; — Ms. lat. 12690, fol. 187).

Remi.

REMI (Jacques), né à Metz, fit profession, à l'âge de 20 ans, à Saint-Remi de Reims, le 27 avril 1648. Supérieur de la congrégation de Saint-Maur. Il mourut à Fécamp, le 16 janvier 1708. On a de lui une deuxième édition considérablement augmentée de l'ouvrage suivant de d'Achery: *Asceticorum, vulgo spiritualium, opusculorum, quæ inter Patrum opera reperiuntur, Indiculus, Christianæ pietatis cultoribus, iis potissimum, qui arctam et angustam viam, quæ ducit ad vitam, sequuntur; nec non et concionatoribus, atque animarum curam gerentibus, longe utilissimus.... Editio secunda fere media parte auctior, auctoribus præsertim qui tum de Theologia mystica, tum de religiosis ac christianis moribus ad nostra usque tempora tractaverunt*, Paris, Billaine, 1671, in-4°.

(Tassin, p. 106 et 107).

Renard.

RENARD (André), né à Paris, fit profession à Saint-Wandrille, le 13 mai 1736, à l'âge de 18 ans. Chargé de l'enseignement de la rhétorique à Saint-Evroul, en

1745, il a laissé un *Traité de rhétorique*, qui porte le n° 14122 du fonds latin. Le lieu et la date de sa mort me sont inconnus.

(Matricule, n° 6430; — Ms. lat. 14122).

Richer.

RICHER (Pierre), né à Auxerre, fit profession à Saint-Faron de Meaux, le 1er décembre 1677, à l'âge de 26 ans. Il mourut, le 27 août 1735, à Saint-Denis. On a de lui : 1° *Tractatus de incarnatione et ss. Trinitate*, 1688, 1689, ms. lat. 12352, fol. 438; — 2° *Tractatus de Sacramentis*, 1687, 1688, ms. lat. 12352, fol. 381.

(Matricule, n° 3107; — Ms. lat. 12352, fol. 381 et 438).

Rose.

ROSE (François), né à Flavigny, ancien diocèse d'Autun, fit profession à Vendôme, le 12 octobre 1657, à l'âge de 18 ans. On ne connaît de lui qu'un seul ouvrage intitulé : *Nouveau système par pensées sur l'ordre de la nature et de la grâce*, Paris, 1696, in-8°. Il mourut, le 15 septembre 1702, au monastère Saint-Martin d'Autun; d'après la liste des écrivains de la congrégation de Saint-Maur, il serait décédé en 1703.

(Matricule, n° 1794; — Ms. 1096 de la collection Moreau, fol. 117 et 156).

Rosset.

ROSSET (Joseph), *alias* ROSSI, né à Condeissiat, ancien diocèse de Lyon, fit profession à Saint-Benoît-sur-Loire, le 19 décembre 1670, à l'âge de 18 ans, Il mourut, le 28 août 1721, à Saint-Nicaise de Reims. Étant régent de rhétorique à Pontlevoy, il fit représenter, le 22 mars 1687, par les élèves du séminaire une tragédie de sa composition intitulée : *Le martyre des ss. Marc et Marcellin*, et, le 26 août 1688, *la destruction de l'hérésie de Calvin par Louis le grand*. On a encore de lui : *Officium proprium de s. Sabino confessore*, suivi d'une vie de s. Savin, traduite en français, 1701, n° 4 des mss. de Bagnères.

(Matricule, n° 8701; — Extrait du *Mémorial du séminaire de Pontlevoy*, communiqué par M. Paul de Fleury; — *Notes particulières sur les mss. de Bagnères*).

Rostaing. ROSTAING (Charles-François)* : *Historia regalis abbatiæ Sancti Ebrulfi Uticensis compendium*, ms. 86 du fonds Coquebert de Montbret, à la bibliothèque de Rouen.

(Frère, *Catalogue des manuscrits de la bibliothèque municipale de Rouen, relatifs à la Normandie*, p. 141).

Rousseau. ROUSSEAU (Claude), né à Reims en 1722, fit profession à Saint-Faron de Meaux, le 7 mars 1739. Il mourut à Saint-Denis, le 1er mars 1787. On a de lui : 1° *Le cœnobitophile ou lettre d'un religieux français à un laïc, son ami, sur les préjugés publics contre l'état monastique*, le Mont-Cassin et Paris, 1768, in-12°; — 2° *Mémoire pour la ville de Reims contre le chapitre* (s. l. n. d.), in-4°; — 3° *Recueil de lettres adressées à M. Mille, auteur de l'abrégé chronologique de l'histoire de Bourgogne*, Paris, 1772, in-8° (avec Dom Merle).

(Matricule, n° 6673; — *Biographie universelle*, Supplément, t. LXXX, p. 68, au mot ROUSSEAU).

Roussel. ROUSSEL (Nicolas-Placide), né à Nevers, fit profession à Saint-Vanne, le 21 mai 1620, à l'âge de 17 ans. Il mourut, le 6 octobre 1680, à l'abbaye du Bec. On a de lui un petit recueil intitulé : *Loci communes*, qui a rapport à divers points de théologie. Il forme le n° 13651 du fonds lat.

(Matricule, n° 70; — Ms. lat. 13651).

Roussin. ROUSSIN (Philibert DU), né à Louhans, fit profession à Jumièges, le 28 octobre 1711, à l'âge de 20 ans. Le lieu et la date de sa naissance me sont inconnus. De 1750 à 1769, il fit un recueil des actes de Saint-Germain-des-Prés, qui forme dix volumes et qui est conservé aux

Archives nationales dans le fonds de cette abbaye.

(Matricule, n° 5041 ; — L. Delisle, *Catalogue des actes de Philippe-Auguste*, p. 558).

Roux (Guillaume le), né à Barret, diocèse de Saint-Flour, fit profession, le 31 mars 1659, à la Daurade de Toulouse. Il mourut, le 10 août 1682, à Aniane. Il est l'auteur d'un *Mémorial de l'abbaye de Saint-Ouen de Rouen*. Des extraits de ce ms. ont été publiés par A. Poitier dans la *Revue rétrospective normande*, pièces IX-XI. Roux.

(Matricule, n° 1886 ; — Frère, *Catalogue des manuscrits de la bibliothèque municipale de Rouen relatifs à la Normandie*, p. 55).

Salle (Nicolas de la), né à Reims, fit profession à Saint-Faron de Meaux, le 9 septembre 1640, à l'âge de 21 ans. Il mourut, le 25 janvier 1689, à Saint-Denis. On a de lui : 1° *Mémoires pour faire la chronique du monastère de Sainct-Seine, dressés en l'an 1667*, ms. lat. 12696, fol. 141 ; — 2° *De ecclesiæ S. Stephani Divionensis antiquitate, dignitate, sacris opibus, statu multiplici, variis casibus et præfectis*, ms. lat. 12697, fol. 258. Il est aussi l'auteur de la chronique de Saint-Valery, comme il nous l'apprend dans une lettre au supérieur-général de la congrégation de Saint-Maur, qui est ms. lat. 12696. Salle.

(Matricule, n° 958 ; — Mss. lat. 12696, fol. 141 ; — 12697, fol. 258).

Samuel (Robert), né à Valognes, diocèse de Coutances, fit profession à Jumièges, le 22 juillet 1656, à l'âge de 19 ans. Il mourut, le 16 mars 1714, à Saint-Père de Chartres. Selon Dom Liron, il a fait quantité de recherches sur l'histoire de Saint-Père-en-Vallée, de la ville et des évêques de Chartres et de l'abbaye de Josaphat. Samuel.

(Matricule, n° 1085 ; — Ms. fr. 17005, *Supplément de la Bibliothèque chartraine*, par Dom Liron, fol. 454 ; — Ms. fr. 17006, *id.*, fol. 109 v°).

Seguin (Gatien), né à Tours, fit profession à Vendôme, Seguin.

le 28 juillet 1635, à l'âge de 24 ans. Il mourut, le 19 juillet 1662, à Saint-Jean d'Angely. Il a composé : *Fin de la vie monastique instituée par saint Benoît*, ms. fr. 19626.

(Matricule, n° 669 ; — Ms. fr. 19626).

Sensaric. **Sensaric** (Jean-Bernard) * : *Sermons, mystères et panégyriques, prêchés dans différentes églises de Paris*, 1771, 4 vol. in-12.

(Quérard, *la France littéraire*, t. IX, p. 68, au mot Sensaric).

Solon. **Solon** (Charles-Jean-Baptiste), né à Arras, fit profession à Saint-Faron de Meaux, le 23 août 1747, à l'âge de 17 ans. Après avoir été prieur aux Blancs-Manteaux, il devint assistant du supérieur-général de la congrégation de Saint-Maur. A partir de 1788, il résida à Saint-Germain-des-Prés. Il y mourut, le samedi 9 janvier 1790, et fut enterré dans le côté du cloître attenant au réfectoire. On lui attribue : *Le microscope ou lettre d'un religieux françois à un laïc son ami sur les préjugés publics contre l'état monastique*, ms. fr. 10566.

(Matricule, n° 7034 ; — Ms. fr. 16861, *Nécrologe de Saint-Germain-des-Prés*, p. 205 et 206 ; — Ms. fr. 10566).

Ternat. **Ternat** (Gérard), originaire de Belair, diocèse de Clermont, fit profession à Saint-Allyre, le 22 décembre 1664, à l'âge de 25 ans. En 1678, il était religieux à Saint-Germain d'Auxerre. C'est alors qu'il fit l'analyse des deux cartulaires de cette abbaye. Son travail intitulé : *Abrégé du grand et du petit cartulaire de l'abbaye de Saint-Germain d'Auxerre*, est dans la bibliothèque de cette ville sous le n° 144 des mss. Dom Ternat mourut au monastère de Bonne-Nouvelle à Orléans, le 20 septembre 1698.

(Matricule, n° 2300 ; — Quantin, *Catalogue des manuscrits de la bibliothèque d'Auxerre*, p. 49).

Thierry. **Thierry** (Charles-François), né à Épinal, fit profession à Vendôme, le 17 mars 1656, à l'âge de 20 ans. Il mourut, le 15 octobre 1701, à Saint-Bénigne de Dijon.

Étant régent de 2e à Pontlevoy, il fit représenter, en 1666, par les élèves du séminaire une grande tragédie de sa composition intitulée : *Julien l'Apostat.*

(Matricule, n° 1636 ; — Extrait du *Mémorial du séminaire de Pontlevoy*, communiqué par M. Paul de Fleury).

THIEULAINE (Philippe-Bertin) naquit à Arras. Il était âgé de 35 ans lorsqu'il fit profession aux Blancs-Manteaux, le 16 décembre 1622. La bibliothèque d'Arras possède de lui un ouvrage intitulé : *Florilegium*, qui n'est autre chose qu'un recueil d'extraits des auteurs ecclésiastiques. Il fut religieux à Saint-Vaast, mais il mourut, le 15 janvier 1666, au monastère de Landevenech. Thieulaine.

(Matricule, n° 123 ; — *Catalogue des manuscrits de la bibliothèque d'Arras*, par M. Quicherat, dans le t. IV du *Catalogue général*, p. 279).

THOMAS (François), né à Nogent-le-Rotrou, fit profession à Vendôme, le 23 janvier 1649, à l'âge de 18 ans. Pendant près de dix années, il s'occupa de faire l'extrait et l'inventaire de toutes les chartes de l'abbaye de Saint-Denis, depuis sa fondation jusqu'en l'an 1500. Dom Michel Félibien s'en est servi utilement pour son Histoire de Saint-Denis et il donne, dans son ouvrage, des éloges mérités à Dom Thomas. Celui-ci mourut à Saint-Denis, le 11 novembre 1698. Thomas.

(Matricule, n° 1286 ; — Ms. fr. 17005, *Supplément de la Bibliothèque chartraine*, par Dom Liron, fol. 433 v° ; — Ms. fr. 17006, fol. 98 ; — Dom Félibien, *Histoire de Saint-Denis*, p. 524).

TIOLIER (Victor), né à Montferrand, diocèse de Clermont, fit profession au monastère de N.-D. de la Charité, le 2 octobre 1643, à l'âge de 19 ans. La date et le lieu de sa mort me sont inconnus. Il a composé en 1651 un abrégé de la Chronique de l'ordre de s. Benoît, qui forme le ms. lat. 12658. Tiolier.

(Matricule, n° 1094 ; — Ms. lat. 12658).

Tort. TORT (Simon LE), né à Rennes, fit profession à Saint-Melaine, le 8 février 1657, à l'âge de 18 ans. Il mourut, le 18 juillet 1694, au monastère de Saint-Gildas. Il a fourni au *Monasticon benedictinum : Compendium historiæ abbatiæ S[ti] Matthei in finibus terræ*, ms. lat. 12688, fol. 139.

(Matricule, n° 1730 ; — Ms. lat. 12688, fol. 139 ; — L. Delisle, Préface du *Monasticon gallicanum*, p. XV).

Trichaud. TRICHAUD (Jean), né à Arles, fit profession à la Daurade, à Toulouse, le 15 avril 1666, à l'âge de 18 ans. Le lieu et la date de sa mort me sont inconnus. On a de lui : 1° *Historiæ regalis abbatiæ Beatæ Mariæ de Crassa compendium*, ms. lat. 12680, fol. 125 et 147 ; — 2° *Histoire en abbrégé de l'illustre et roiale abbaye de Notre-Dame de la Grasse*, ms. lat. 12680, fol. 133 ; — 3° *Chronicon cœnobii Beatæ Mariæ Deauratæ Tolosanæ, ordinis sancti Benedicti, congregationis olim Cluniacensis, nunc Sanmaurianæ*, ms. lat. 12680, fol. 181 ; — 4° *Mémoire sur les abbés de S. Pierre de Condom*, ms. lat. 12689, fol. 33 ; — 5° *Chronicon seu historia regalis abbatiæ Beatæ Mariæ de Crassa*, etc., 1677, ms. lat. 12857.

(Matricule, n° 2412 ; — Mss. lat. 12680, fol. 125, 133, 147 et 181 ; 12689, fol. 33 ; 12857).

Trottier. TROTTIER (Urbain), né à Chinon, fit profession à Marmoutier, le 15 janvier 1694, à l'âge de 23 ans. Il a composé : *Conversion de M. et de Mad. de la Garaye*, Rennes, 1757, in-18. C'est aussi d'après les Mémoires de Dom Trottier que le P. J. Fr. de la Marre composa la *Vie de Madame la comtesse de Pontbriand, née Marie-Angélique-Sylvie de la Garaye*. L'époque et le lieu de sa mort me sont inconnus.

(Matricule, n° 4056 ; — Quérard, *la France littéraire*, t. VII, p. 564, au mot TROTTIER ; — Miorcec de Kerdanet, *Notices chronologiques sur les théologiens, jurisconsultes, philosophes, artistes, littérateurs, poètes, bardes, troubadours et historiens de la Bretagne*, p. 300).

VAINES (Jean-François DE), né à Paris, fit profession à Saint-Faron de Meaux, le 29 août 1758, à l'âge de 19 ans. Le lieu et la date de sa mort me sont inconnus ; il vivait encore le 16 avril 1790. On a de lui : *Dictionnaire raisonné de diplomatique*, Paris, 1774, 2 vol. in-8°. Vaines.

(Matricule, n° 7358 ; — Ms. fr. 20850, fol. 84 v° ; — Quérard, *la France littéraire*, t. X, p. 11 et 12, au mot VAINES).

VALLÉE (François-Bonifaoe), né à Saint-Maixent, fit profession à Saint-Augustin de Limoges, le 9 mars 1636, à l'âge de 26 ans. Il mourut, le 5 mars 1654, au monastère de Saint-Maixent. Il a composé : *La vie du vénérable Agapius, abbé du monastère St-Saturnin, première eglize et monastère de la ville de St-Maixent en Poictou*, 1652, ms. lat. 12779, fol. 95 a. Le ms. lat. 12684 contient aussi de lui des documents sur Saint-Maixent, fol. 104. Vallée.

(Matricule, n° 729 ; — Ms. lat. 12779, fol. 95 a ; — Ms. lat. 12684, fol. 104).

VAROQUEAUX (Jean), né à Massigny-le-Franc, diocèse de Laon, fit profession à Saint-Faron de Meaux, le 18 juin 1703, à l'âge de 20 ans. Le lieu et la date de sa mort me sont inconnus. Il est l'auteur d'une *Histoire de Laon et du pays Laonnois*, qui forme les n°s 185-187 et 263 de la collection Grenier. Varoqueaux.

(Matricule, n° 4696 ; — L. Delisle, *le Cabinet des manuscrits de la Bibliothèque nationale*, t. II, p. 78 ; — *Notice sur des collections manuscrites de la Bibliothèque nationale*, p. 39 (extrait de la *Bibliothèque de l'École des chartes*, t. XXXII, p. 275, 281 et 283) ; — *Catalogue des actes de Philippe-Auguste*, p. XLII).

VERDIER-LA-TOUR (Michel), né à S. H.-sur-M. *(sic)*, peut-être Saint-Hilaire-les-Monges, diocèse de Clermont, fit profession à Saint-Allyre, le 20 février 1760, à l'âge de 17 ans. Le lieu et la date de sa mort me sont inconnus ; il est probable qu'il mourut entre 1788 et 1790. Il fut Verdier-la-Tour.

chargé par Moreau, avec Dom Deschamps, de travailler à l'histoire de l'Auvergne. La bibliothèque de Clermont possède de lui sous le n° 283 des mss. un recueil de *Pièces historiques*, et sous le n° 283 les pièces qui suivent : 1° *Dissertation historique sur la distribution des sièges de justice de l'Auvergne après le partage de cette province entre le roi saint Louis et le comte et le dauphin d'Auvergne ;* — 2° *Notice historique sur l'ancienne abbaye de Saint-Allyre ;* — 3° *Histoire de la guerre des Anglais en Auvergne ;* — 4° *Coup d'œil sur quelques parties du gouvernement des trois dynasties des rois de France ;* — 5° *Exposé de la conduite des évêques de France dans l'administration du gouvernement de ce royaume.* En 1788, il publia, en collaboration avec Bergier : *Recherches historiques sur les États généraux, et sur l'origine et sur l'organisation des États provinciaux d'Auvergne*, in-8°.

(Matricule, n° 7089 ; — L. Delisle, *le Cabinet des manuscrits de la Bibliothèque nationale*, t. I, p. 565 ; — Gonod, *Catalogue des livres imprimés et manuscrits de la bibliothèque de la ville de Clermont-Ferrand*, p. 581 et 512 ; — Aigueperse, *Biographie ou dictionnaire historique des personnages d'Auvergne*, t. II, p. 374).

Verthamont. VERTHAMONT (Jean-Grégoire), né à Limoges, fit profession à Nouaillé, le 23 mai 1620, à l'âge de 19 ans. Il mourut, le 5 mai 1680, à Jumièges. Il est l'auteur de « divers ouvrages sur l'Écriture sainte qui sont demeurés manuscrits » à Jumièges.

(Matricule, n° 88 ; — Nouv. acq. fr. 4170, *Histoire de l'abbaye de Jumièges*, 2° partie, p. 184).

Vienne d'Agneaux. VIENNE D'AGNEAUX (Charles-Jean-Baptiste DE)*, mort en 1792. 1° *Lettre en forme de dissertation contre l'incrédulité*, 1756, in-12 ; — 2° *Éclaircissements sur plusieurs antiquités trouvées à Bordeaux*, 1757, in-12 ; — 3° *Point de vue concernant la défense de l'état religieux*, Avignon, 1757, 1771, in-12 ; — 4° *Histoire de la ville de Bordeaux*, Bordeaux,

1771, in-4°, t. I ; — 5° *Dissertation sur la religion de Montaigne*, Bordeaux, 1773, in-12 ; — 6° *Éloge historique de Michel Montaigne, et discours sur sa religion*, 1775, in-12 ; — 7° *Administration particulière et générale de la France*, Paris, 1775, in-8° ; — 8° *Lettres à M. de X... sur l'histoire de France*, Paris, 1782, in-12 ; 2° éd. 1787, in-12 ; — 9° *Nouvelle méthode pour apprendre à lire et à écrire correctement la langue françoise*, Paris, 1782, in-8° ; 1786, in-12 ; — 10° *Histoire de l'Artois*, Paris, 1785-1787, 5 parties in-8° ; — 11° *Le triomphe de l'humanité, ou la mort de Léopold de Brunswick, poëme qui a concouru pour le prix de l'Académie françoise*, Lille, 1787, in-8° ; — 12° *Le triomphe du chrétien* (extrait des *Nuits* d'Young et traduit de l'anglais), 1788, in-8° ; — 13° *Histoire générale de France, écrite d'après les principes qui ont opéré la Révolution*, 1791, 2 vol. in-12 ; — 14° *Prospectus de l'histoire générale de la Guyenne*, par des religieux de la congrégation de Saint-Maur, Paris, 1755, in-4°.

(*Nouvelle biographie générale*, t. XIII, col. 947-948, au mot DEVIENNE ; — Quérard, *la France littéraire*, t. 1, p. 14, au mot AGNEAUX DE VIENNE ; — L. Delisle, *le Cabinet des manuscrits de la Bibliothèque impériale*, t. I, p. 565, aux notes).

VIGNES (Pierre-Philippe DES), né à Mâcon, fit profession à l'âge de 20 ans, le 5 mai 1622, aux Blancs-Manteaux. Après avoir rempli les fonctions de supérieur et de maître des novices dans différents monastères, il se retira dans l'abbaye de Saint-Benoît-sur-Loire. C'est là qu'il mourut, le 9 novembre 1672. Il paraît n'avoir composé que des ouvrages ascétiques. Ceux que nous connaissons sont : 1° *Explication morale de la règle de saint Benoît*, ms. fr. 19545 ; — 2° *Méditation sur la règle de saint Benoît*, ms. fr. 13524 ; — 3° *Méditations*, mss. 316, 317, 318 et 319 de la bibliothèque d'Orléans. Vignes.

(Matricule, n° 110 ; — Mss. fr. 19545 et 13524 ; — Septier, *Manuscrits de la bibliothèque d'Orléans*, p. 178 et 179).

Villevieille. VILLEVIEILLE (Jacques-Joseph), né à Nuits, le 28 septembre 1736, fit profession à Vendôme, le 16 mai 1754. Il fut chargé par ses supérieurs d'explorer la Bourgogne et la Bresse pour recueillir des documents pour le Dépôt des chartes ; il consulta surtout les archives des divers établissements de Dijon, mais il ne négligea aucun des chartriers dans lesquels il put avoir accès. Religieux à Saint-Germain-des-Prés au moment de la Révolution, il fut plus tard attaché à l'église Saint-Roch à Paris. Il mourut, le 2 septembre 1820, à l'âge de 84 ans. Ses nombreux mss. ont été déposés à la Bibliothèque nationale, le 7 avril 1811, où ils forment plus de 170 volumes, liasses ou portefeuilles. De sa collection on a formé : 1° le Trésor généalogique, qui est au Cabinet des titres sous les nos 108-155 *bis* ; — 2° 74 volumes de la collection de Bourgogne ; — 3° 30 volumes de la collection de Touraine, dont l'inventaire a été fait par M. Mabille ; — 4° mss. généalogiques de Dom Caffiaux, nos 1209-1248 du cabinet des titres ; — 5° généalogie de la maison de Flotte, nos 1249 et 1250 du Cabinet des titres ; — 6° fragments généalogiques, n° 1251 du Cabinet des titres ; — 7° Cartulaires de Bourgogne et de Champagne, n° 1252 du Cabinet des titres ; — 8° 37 volumes de pièces originales, mss. fr. 26263-26299 ; — 9° montres ou revues d'armes franc-comtoises ou bourguignonnes, nos 1036 et 1037 des Nouvelles acquisitions françaises ; — 10° peut-être le ms. lat. 18111, qui contient des mélanges de Dom Caffiaux. Le commencement du *Trésor généalogique*, jusqu'au mot *Baden*, a été publié par MM. Passier, en 5 fascicules in-4°.

(Matricule, n° 7407 ; — *Notice biographique sur Dom Villevieille*, par Henry et Alphonse Passier, en tête du *Trésor généalogique*).

Vilson. VILSON (Jacques), né à Newcastle (Angleterre), fit profession à Jumièges, le 15 septembre 1729, à l'âge de 21 ans. Le lieu et la date de sa mort me sont inconnus. Il a traduit de l'anglais : *Histoire générale de l'église chrétienne, tirée principalement de l'Apocalypse de saint Jean*, par Walmesley, Rouen et Paris, 1777, 3 vol. in-12. L'original a paru sous le pseudonyme de Pastorini que porte aussi la traduction.

(Matricule, n° 6807 ; — Quérard, *la France littéraire*, t. X, p. 215, 477 et 478, aux mots VILSON et WALMESLEY).

VINCENT (Jacques-Claude)*, mort le 22 septembre 1777. 1° *Dissertations historiques et critiques sur la situation et l'étendue de l'ancienne France*, etc.; — 2° *Fragments de dissertations sur l'origine des Français* ; — 3° *Sur le degré d'autorité des empereurs dans les Gaules, après l'établissement des barbares*. Cette dissertation, couronnée par l'Académie de Besançon, est aussi dans le ms. fr. 10157. Elle est attribuée à tort par Quérard à un autre bénédictin, Dom Benoît Vincens. — 4° *Dissertations sur l'origine des Tectosages, sur l'étendue et l'état de la partie de la Celtique qu'ils occupèrent jusqu'à l'entrée des Romains dans leur païs et sur les excursions qu'ils firent avant cette époque* ; — 5° *Recherches sur l'administration municipale des villes de France sous la première et la deuxième races et sous la féodalité*. Ces dissertations forment les mss. fr. 10437-10439. — 6° *Lettre d'un Rémois à M. le M. D., ou Doutes sur la certitude de cette opinion que le sacre de Pépin est incontestablement la première époque du sacre des rois de France*, Liège, 1775, in-12 ; — 7° *Notice sur le manuscrit de Phèdre qui est dans la bibliothèque de Saint-Remi* (de Reims), publiée en 1774 dans l'*Almanach de Reims* et réimprimée par Berger de Xivrey, p. 81 de son édition des *Fables* de Phèdre, Paris, 1830, in-8°. En relevant les variantes du Phèdre de Reims, Dom Vincent a rendu Vincent.

aux lettres un service qui suffirait pour sauver à jamais son nom de l'oubli.

(Mss. fr. 10437-10439 ; — Quérard, *la France littéraire*, t. X, p. 221, au mot VINCENT).

Viole. VIOLE (Daniel-Georges)* : 1° *Histoire de la maison de Viole et généalogies des familles qui y sont alliées*, ms. 124 de la bibliothèque d'Auxerre et ms. 18670 fr. ; — 2° *Discours sur la procession qui s'est faite en la ville d'Auxerre, le dimanche des octaves de Pâques prochaines, autrement dit le dimanche de Quasimodo*, 1668, ms. 156 de la bibliothèque d'Auxerre. Il paraît aussi être l'auteur d'un mémoire intitulé : *Traité chronologique de la ville d'Auxerre, et où il est traité de sa dernière prise par les calvinistes et de sa reprise par les bourgeois de cette ville ; les excès qu'y commirent les religionnaires et la prise de cinq autres villes du même diocèse, la Charité, Donzy, Entrains et Taingy*, ms. 154 de la bibliothèque d'Auxerre.

(Quantin, *Catalogue des manuscrits de la bibliothèque d'Auxerre*, p. 42, 51 et 53).

Vrayet. VRAYET (François), né à Corbie, fit profession à Saint-Denis, le 2 octobre 1654, à l'âge de 21 ans. Il mourut, le 3 mars 1692, à Saint-Fuscien. On a de lui : *Constitutiones canonicorum regularium B. Mariæ de Liveriaco, S. Severini prope Castrum Nantonis et S. Callisti de Cisonio*, 1672, ms. lat. 12799. Il a dessiné pour le *Monasticon gallicanum* de Dom Germain quelques planches des diocèses de Reims et de Paris, parmi lesquelles celles de Corbie, de Saint-Éloi de Noyon, de Samer-aux-Bois et de Saint-Faron de Meaux.

(Matricule, n° 1536 ; — Ms. lat. 12799 ; — Courajod, *le Monasticon gallicanum*, p. 16).

Epernay. — Imp. Bonnedame.

www.ingramcontent.com/pod-product-compliance
Ingram Content Group UK Ltd.
Pitfield, Milton Keynes, MK11 3LW, UK
UKHW012049240726
13965UKWH00003B/1164

9 782013 097819